제 605 호

교육과학기술부
MINISTRY OF EDUCATION, SCIENCE AND TECHNOLOGY

우수과학도서인증서

1. 도 서 명 : 카툰과학 시리즈 (3권)
   물리편(하) / 생물편(하) / 화학편(하)
2. 저자(역자) : 어진 교육 편집부
3. 출 판 사 : 어진 교육
4. I S B N : 물리편(하) 978-89-93077-07-0
   생물편(하) 978-89-93077-07-4
   화학편(하) 978-89-93077-13-1

위 도서는 『우수과학도서인증제』 운영에 관한 규정에 의해 우수과학도서로 선정되었음을 인증합니다.

2008년 12월 16일

교육과학기술부 장관 안 병 만

카툰과학 물리1

개정판 1쇄 발행 2015년 5월 1일
개정판 4쇄 발행 2022년 5월 9일

지은이 한재필
만화제작 하이툰닷컴
펴낸이 이학수
펴낸곳 어진교육
표지디자인 손봄
내지디자인 임태용

출판등록 제2012-000219호
주소 10447 경기도 고양시 일산동구 중앙로 1079, 426호
전화 070-4233-0552
팩스 0505-370-0552

* 책값은 뒤표지에 있습니다.
* 잘못된 책은 구입처에서 교환하여 드립니다.
* 이 책은 저작권자와 계약에 따라 발행한 것이므로 본사의 허락 없이는
  어떠한 형태나 수단으로도 이 책의 내용을 이용하지 못합니다.

ISBN 978-89-93077-03-2 53420

어린이제품안전특별법에 의해 제품표시	
제조자명 키큰도토리 **제조국명** 대한민국 **사용연령** 만 8세 이상 어린이 제품	**전화번호** 070-4233-0552 **주소** 경기도 고양시 일산동구 중앙로 1079, 426호

만화로 끝내는 과학 교과서
카툰과학 물리·1

도서출판 어진

2010년 새롭게 바꾸는 과학 용어

변경 전	변경 후	변경 전	변경 후
메탄	메테인	책상조직	울타리조직
프로판	프로페인	호흡 기관계	호흡계
부탄	뷰테인	횡격막	가로막
요오드	아이오딘	늑골	갈비뼈
요오드-요오드화칼륨	아이오딘-아이오딘화칼륨	가슴관	가슴 림프관
스티로폼	스타이로폼	이자	췌장
브롬	브로민	십이지장	샘창자
플루오르	플루오린	소장	작은창자
크롬	크로뮴	연동운동	꿈틀운동
망간	망가니즈	대장	큰창자
이산화망간	이산화망가니즈	맹장	막창자
게르마늄	저마늄	신장	콩팥
슬라이드 글라스	받침유리	신우	콩팥 깔때기
커버 글라스	덮개유리	신동맥	콩팥 동맥
프레파라트	현미경 표본	신정맥	콩팥 정맥
펩티드	펩타이드	척추	등뼈
폴리펩티드	폴리펩타이드	수상돌기	가지돌기
글리코겐	글리코젠	신경 돌기	신경 섬유
갈락토오스	갈락토스	연합령	연합 중추
셀룰로오스	셀룰로스	운동령	운동 영역
아밀라아제	아밀레이스	대뇌 피질	대뇌 겉질
펩시노겐	펩시노젠	대뇌 수질	대뇌 속질
리파아제	라이페이스	간뇌	사이뇌
펩티다아제	펩티데이스	연수	숨골
락타아제	락테이스	중뇌	중간뇌
말타아제	말테이스	감각기	감각기관
수크라아제	수크레이스	외이	겉귀
티록신	타이로신	중이	가운데귀
에스트로겐	에스트로젠	내이	속귀
네프론	신단위	청소골	귓속뼈
림프선	림프샘	전정 기관	안뜰 기관
피드백	되먹임	유스타키오관	귀 인두관
페포	허파꽈리	청세포	청각 세포
드 브리스	더 브리스	후신경	후각 신경
메스 실린더	눈금 실린더	시세포	시각 세포
지구본	지구의	시신경	시각 신경
화산 가스	화산 기체	미뢰	맛봉오리

변경 전	변경 후
미세포	맛세포
내분비선	내분비샘
외분비선	외분비샘
남성호르몬	수컷호르몬
여성호르몬	암컷호르몬
갑상선	갑상샘
갑상선 자극 호르몬	갑상샘 자극 호르몬
길항 작용	대항 작용
근원 세포	근육 모세포
근섬유	근육섬유
화분	꽃 가루
화분관	꽃 가루관
수분	꽃 가루받이
무기호흡	무산소 호흡
감수 분열	생식 세포 분열
염색사	염색질

변경 전	변경 후
해부 현미경	실체 현미경
쌍생아	쌍둥이
불완전 변태	불완전 탈바꿈
자웅이주	암수딴그루
자웅동주	암수한그루
자웅이체	암수딴몸
자웅동체	암수한몸
포자	홀씨
변태	탈바꿈
광합성률	광합성 속도
편리	엽리(변성암 전체)
	편리(편마암의 줄무늬만)
일주운동	일주기운동
선캄브리아대	선캄브리아 누대
절대 연령	절대 연대
금환 일식	금환식

개정 후 : "의" 생략	
보일의 법칙	보일 법칙
샤를의 법칙	샤를 법칙
질량 보존의 법칙	질량 보존 법칙
일정 성분비의 법칙	일정 성분 법칙
게이뤼삭의 법칙	게이뤼삭 법칙
아보가드로의 법칙	아보가드로 법칙
관성의 법칙	관성 법칙
빛의 속도	빛속도
지층의 대비	지층 대비
천구의 적도	천구 적도
천구의 북극	천구 북극
천구의 남극	천구 남극

띄어쓰기 변경	
접안 렌즈	접안렌즈
대물 렌즈	대물렌즈
가시 광선	가시광선
만유 인력	만유인력
바늘 구멍 사진기	바늘구멍사진기
섭씨 온도	섭씨온도
어듬 상자	어둠상자
원자 기호	원자기호
인공 위성	인공위성
알코올 램프	알코올램프
공년 세포	공변세포
돌연 변이	돌연변이
물질 대사	물질대사
보먼 주머니	보먼주머니
성 염색체	성염색체
성 호르몬	성호르몬
관다발식물	관다발 식물
선스펙트럼	선 스펙트럼

추천글

21세기는 과학기술 발전의 시대이다.

현재 우리가 너무나도 편리하게 누리고 있는 고도의 현대문명은 과학 기술 발전이 밑받침되었기에 가능했습니다. 전기의 발견이 없었더라면 지금도 촛불을 밝혀야 했을 것이고, 자동차의 발명이 없었더라면 지금도 말을 타고 다녀야 했을 것입니다. 어디 그뿐인가요? 에어컨, 냉장고, 세탁기, TV, MP3, 휴대폰……등등 수없이 많은 과학 기술의 산물을 이용하며 살고 있습니다. 이처럼 과학은 재미없고 어려운 것이 아니라 우리 주변에서 밀접하게 관련된 것이며, 우리 생활을 더욱 윤택하게 해주는 고마운 학문입니다. 특히 21세기는 과학기술의 발전이 국가 경쟁력을 주도하게 됩니다. 그래서 우리도 과학을 열심히 공부해야 하는 것입니다.

하지만, 과학을 잘 하기란 쉽지가 않죠. 어렵고, 따분하고 이해되지 않는 용어들…. 그래서 과학하면 어려운 학문이라고 여기는데 사실 자연세계의 법칙들을 우리가 이해하기 쉽게 공식을 만들어 누구나 알 수 있게 한 학문일 뿐입니다. 그래서 과학을 재미있어 하는 사람은 과학을 잘 할 수 있습니다.

과학이 재미있으니 당연히 공부도 재미있고 더 열심히 하고 그러다 보니 과학을 잘 할 수밖에 없습니다. 여러분이 과학에 재미를 못 붙인다면 과학을 잘 하기란 쉽지 않을 것입니다. 그러나 과학에 재미를 붙인다면 자연히 과학을 잘할 수 있을 것입니다.

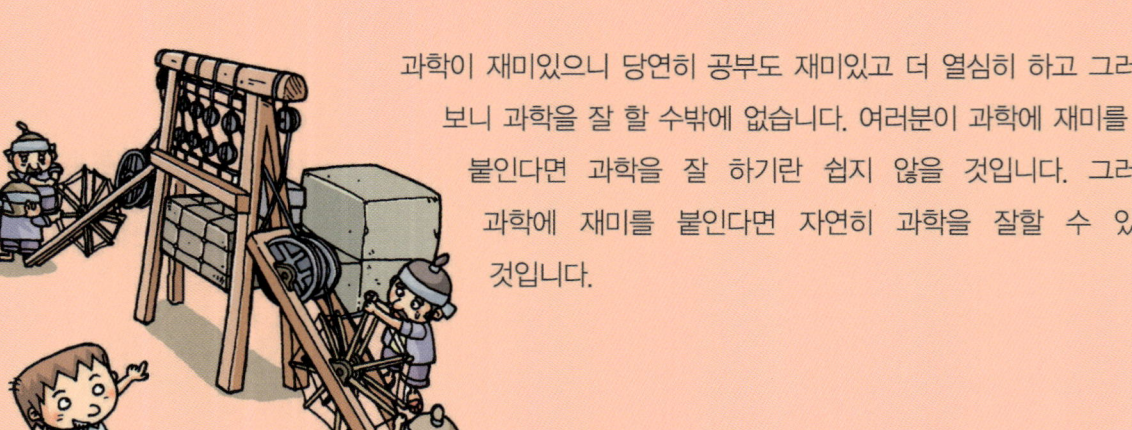

　이런 점에서 "카툰과학 시리즈"는 과학이 어렵고 재미없다는 편견을 가진 친구들에게 과학에 대한 흥미를 가지게 할 수 있는 책입니다. 이 책엔 '나' 같이 과학이 어렵고 재미없다고 생각하는 주인공이 등장해 재미있고 흥미진진하게, 때로는 엉뚱하게 과학의 내용을 함께하기 때문에, 이 책을 읽다 보면 나도 모르게 과학의 재미에 빠져버리는 책입니다. 딱딱하고 재미없게 느끼는 학교 교과서 형식의 구성이 아니라 재미있고 흥미진진하게 구성되어 있어 과학에 대한 호기심을 더해주고 어려운 과학을 자기도 모르게 머리에 쏙 들어오게 해줍니다. 또한 현재 국가 기준 교육 과정에 기초로 두고 만화를 통해 알기 쉽고 재미있게 구성되어, 매 단원이 끝날 때마다 단원 정리가 쉽게 정리되어 어떤 자료를 읽고 자신의 생각을 표현하거나 토론을 위한 내용을 선정할 때 알맞은 자료라는 생각이 듭니다.

　초등학교 고학년 학생들에게는 중학교 과정을 예습하는 자료로, 중학생들에게는 과학 교과 과정을 이해하는 자료로, 자녀를 키우시는 부모님에게는 아이들에게 과학을 설명 해 줄 수 있는 자료로 카툰과학 시리즈가 활용되기를 바랍니다.

이학박사
'전남 외국어고등학교 교사'
전국 과학교사협회 및 과학교사과학문화협회 회장

임웅묵

카툰시리즈를 펴내며...

만화로 끝내는 교과서 시리즈 「카툰 국사·과학」

'만화로 된 교과서를 가지고 공부 했으면……'
흑백사진과 글씨로 뒤덮인 교과서가 컬러로 색을 입혀 나온 지 얼마 안되었다. 흑백 교과서로 공부한 사람들은 지금의 학생들이 사용하는 교과서를 보면 세상이 좋아졌다고들 한다. 새로운 교과서가 그 당시 나왔더라면 더 높은 성적을 받았을지도 모른다는 안타까움 마저 드러낸다. 그런데 만화로 교과서를 구성했다고 하면 더욱 놀랄 일이 될 것이다.

공부를 하면서 느끼는 어려움 중 하나가 학습 내용이 머릿속에 자리 잡는데 오랜 시간이 걸린다는 점이다. 그리고 학습 내용을 이해하고 그것을 오랫동안 머릿속에 보관하는데 걸리는 시간이 결코 만만치 않게 걸린다는 것이다. 공부에는 왕도가 없다고들 하지만, 효율적인 방법을 선택하여 공부하는 것이 좋다는 점에는 다른 견해가 없을 것이다. 이러한 학습의 효율적인 점을 보완하기 위하여 카툰 국사, 과학 시리즈가 제작된 것이다.

흑백 교과서를 사용한 세대가 꿈꾸었던 컬러 교과서처럼, 지금의 학생들이 꿈꾸었던 교과서가 만화로 구성되어 그 모습을 드러냈다. 교과서적(敎科書的) 이라는 말이 이제 다르게 쓰일 때가 왔다. 단순이 틀에 박혀 있는 글과 사진, 그래프는 이제 가라!!
이 책은 우리가 실제로 경험하지 못한 내용을 카툰(만화,그림)으로 재현해 주기 때문에 학습자를 이해단계의 수준까지 끌어 올려주고, 다양한 학습 방법적 사고를 할 수 있도록 만들어준다. 게다가 일정한 흐름으로 전개되는 교과 내용들은 하나의 고리고 연결되어 창의적인 사고를 할 수 있도록 해준다.

사실 요즘은 초등 학습서의 대부분이 만화로 이루어지는 것이 추세라고 해도 과언이 아니다. 단지 가벼움만을 추구한다는 비판도 제기 되지만 핵심과 중심 내용은 잃지 않으려 노력하였다. 그림을 통한 간접 경험이 학습효과를 배가 시킬 수 있는 기회가 된다면 그 비판도 달게 받고 지나갈 수 있을 것이다. 우리의 아이들에게 과학, 국사라는 과목도 재미있게 공부할 수 있는 과목이라고 느끼게끔 잘 만들어진 책이라고 밝혀두는 바이다.

도서출판 어진교육

어머님들이 극찬한 카툰 시리즈

● **동동이 (ccandy3**) 인터파크-**
호기심이 많은 시기의 아이들의 상상력과 과학에 대한 관심을 이 책으로 채워줘도 될 것 같다. 아직 과학 전집을 준비해주지 못해 조금 마음에 걸렸는데 모든 건 엄마와 아이가 어떻게 활용하느냐가 중요한 것 같다. 교과연계 학습인 만큼 세세한 부분들이 잘 나와 있어 마음도 놓인다. 이야기의 흐름도 재미있고 배워야 할 부분들이 단계별로 잘 나와 있는 점도 좋다.

● **행운의 수정 yes24-**
과학의 원리를 재미있는 만화로 알려주니 깔깔 웃으면서 자신의 생각을 자연스럽게 이야기할 수 있다. 우리 주위에서 쉽게 만날 수 있는 것들로 실험을 하는 과정을 보여주니 더 효과적인 학습이 되는 것 같다. 이제 고민 없이 카툰과학을 읽기만 한다면 우리가 평소에 많이 궁금했던 것들을 알 수 있다. 한 장이 끝나면 그 부분을 다시 정리하여 우리아이들이 쉽게 받아들일 수 있도록 도와준다. 과학에 흥미를 느끼지 못하거나 초등학교 고학년인데 과학에 흥미를 주고 싶다면 카툰 과학 시리즈를 추천해주고 싶다.

● **Bollpen 교보문고-**
주변의 권유로 이 책을 접했습니다. 일반적인 스토리 위주의 학습 만화로 생각했는데 철저하게 기획되고 의도된 학습서 같았습니다. 이 책 한권이면 초등 과학부터 고등 과학까지 자연스럽게 연결될 수 있을 것 같습니다. 좋은 책 만들어 주셔서 감사합니다.

● **Jhw546 알라딘-**
만화라는 선입견에서 아이에게 사줘야 하나 말아야 하나 고민 좀 했습니다. 하지만 반 아이들이 많이들 본다고 하길래 한 권만 사줘야지 했는데 막상 제가 조금 보니 내용과 그림이 한 눈에 들어오더군요. 아직 다 보지는 못했지만 일단은 재미있게 과학을 알 수 있는 것 같아서 좋은 책 인 것 같습니다.

● **자운영1 (pys39**) 인터파크-**
중학교 과정의 과학수업을 고스란히 담아놓은 한 권의 책...
아이들이 이 책을 읽고 덮는 순간 과학에 대한 자신감과 함께 몰라보게 쌓여있는 자신만의 지식을 발견하게 되리라 믿는다.

책의 구성과 특징

1. 보면서 이해하기

학교의 과학 수업을 만화로 옮겨 놓았습니다.

1. 중등 교과 전 과정 수록
2. 딱딱한 과학 개념을 쉬운 그림으로 정리
3. 중요한 단어, 어려운 단어는 첨삭식으로 해설

2. 보다 폭 넓은 내용

모든 교과서의 내용을 담았습니다.

1. 모든 교과서의 참고서로 활용 가능
2. 파트별 교재로 보다 넓게 학습 가능

3 실험으로 정리하기

중학교 전 실험 과정을 담았습니다.

1. 실험으로 주요 개념을 설명
2. 실험 결과를 보기 쉽게 표와 그래프로 정리

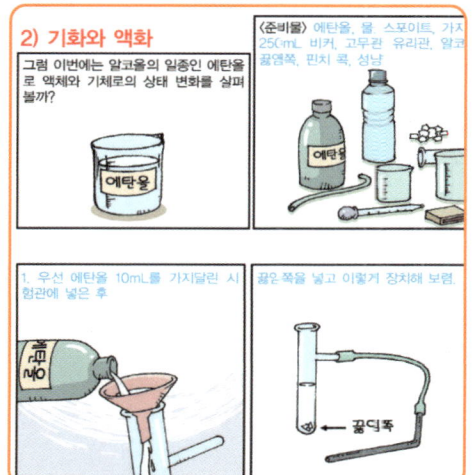

4 조금 더 깊이 이해하기

초등학생부터 고등학생까지
　　　　　　　읽을 수 있습니다.

1. 중학교 교과 과정과 연결되게 정리
2. 심화과정으로 중등 교과 과정을 심화 연계
3. 참고서식 요점정리

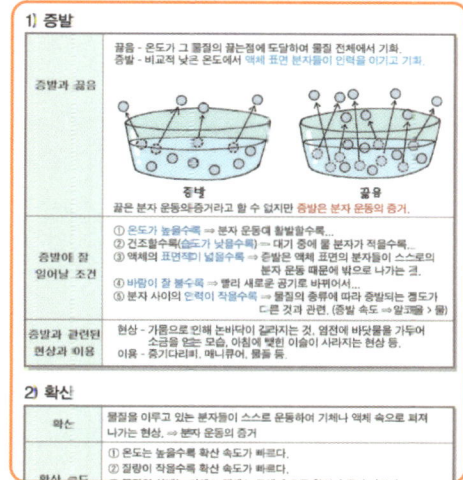

책의 차례

I. 힘과 운동

1. 여러 가지 힘 ………………………………… 18
2. 힘의 측정과 표시 …………………………… 36
3. 힘의 합성 …………………………………… 44

II. 여러 가지 운동

1. 물체의 운동 ………………………………… 60
2. 속력이 변하지 않는 운동 …………………… 76
3. 속력이 변하는 운동 ………………………… 86
4. 방향만 변하는 운동 ………………………… 96
5. 속력과 방향이 동시에 변하는 운동 ………… 102

카툰과학 물리·1

III. 빛

1. 빛의 성질 ·········· 124
2. 빛의 색 ·········· 150

IV. 파동

1. 파동의 발생 ·········· 172
2. 파동의 성질 ·········· 186
3. 소리 ·········· 202

이 단원에서 배울 내용

개정 교육 과정

- 초 4 | 무게
- **중 1 | 힘과 운동**
- 고 1 | 물체의 운동

7차 교육 과정

- 초 4 | 용수철 늘이기
- 초 6 | 물속에서의 무게와 압력
- 중 1 | 힘
- 고 1 | 힘과 에너지

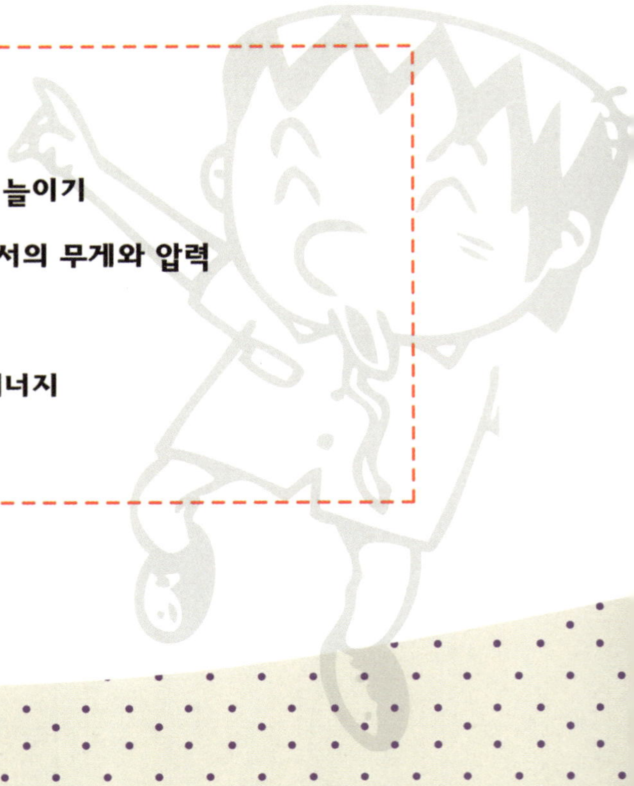

카툰과학 물리·상

I. 힘

1. 여러 가지 힘

(1) 힘의 효과
(2) 탄성력
(3) 마찰력
(4) 전기력과 자기력
(5) 중력
(6) 질량과 무게

2. 힘의 측정과 표시

(1) 힘의 측정
(2) 힘의 표시

3. 힘의 합성

(1) 나란한 두 힘의 합성
(2) 나란하지 않은 두 힘의 합성
(3) 힘의 평형
(4) 삼각형법과 세 힘의 합성

I. 힘과 운동

단원 들어가기

* 접촉해야만 작용하는 힘(탄성력, 마찰력)과 접촉하지 않아도 작용하는 힘(전자기력, 중력)으로 나누어져요!

1. 여러 가지 힘

1) 힘의 효과

힘은 무엇이고, 어떤 종류가 있을까?

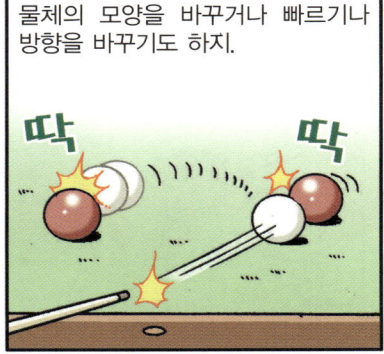
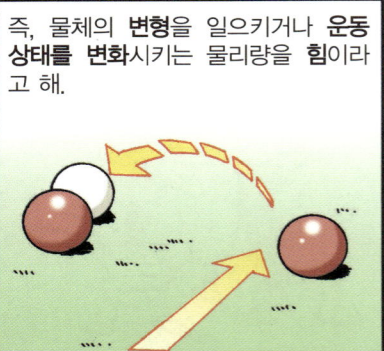

2) 탄성력

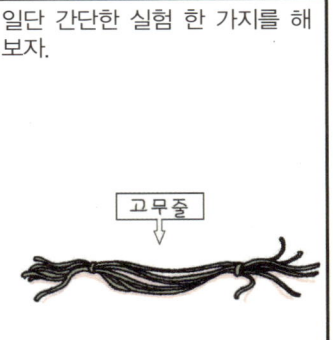

* 많이 늘어나면 탄성력도 커진다는 뜻이겠죠!

3) 마찰력

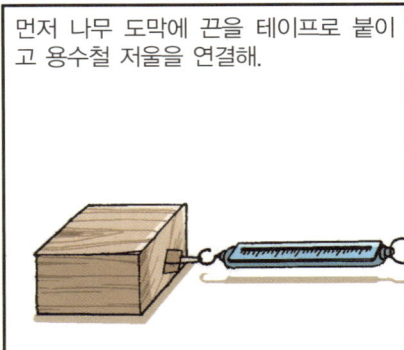

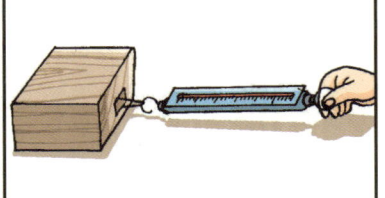
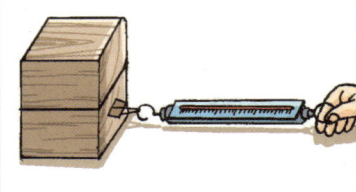
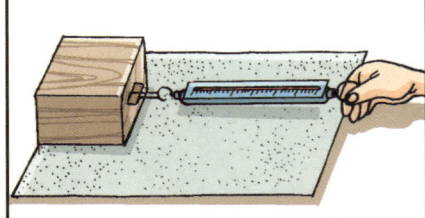

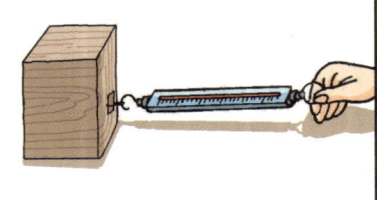

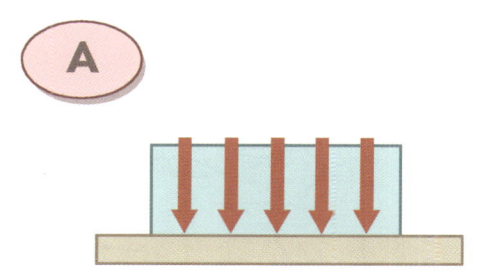
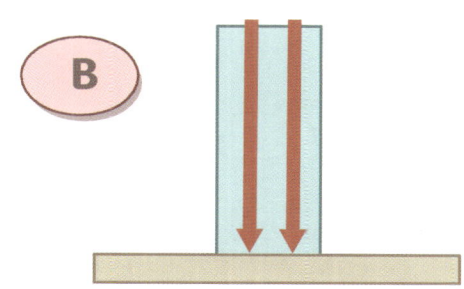

4) 전기력과 자기력

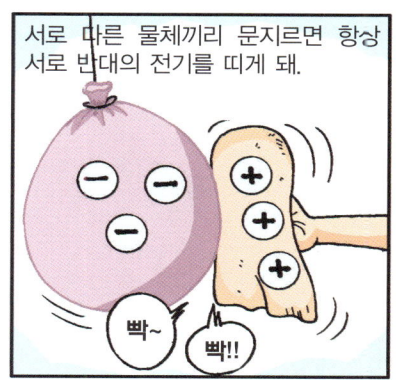

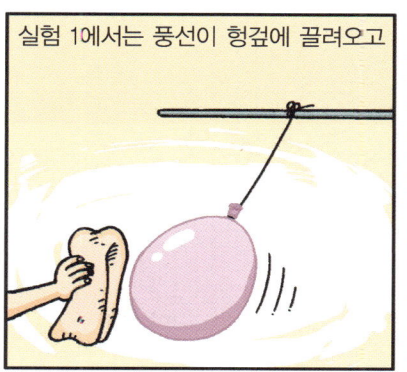
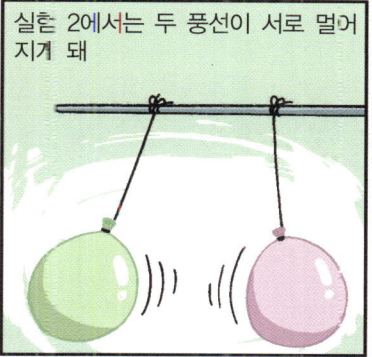

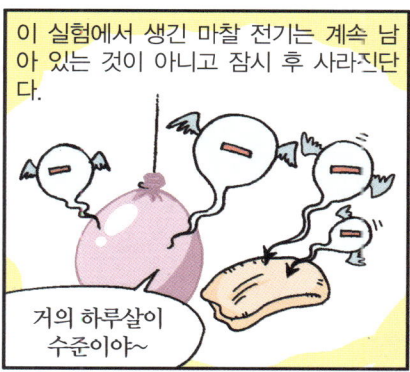

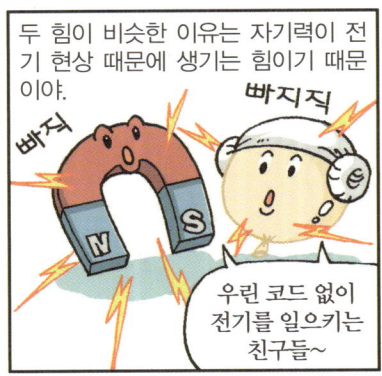

5) 중력

6) 질량과 무게

* 질량은 '물체의 양', 무게는 '물체에 작용하는 힘'이라고 기억하세요!

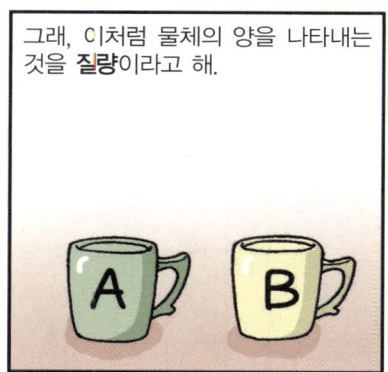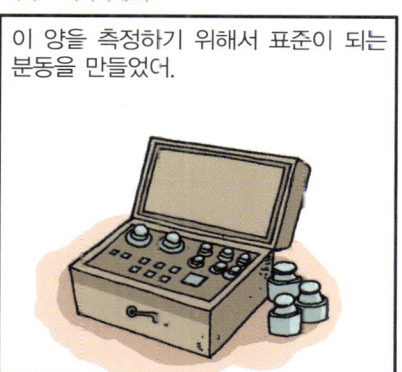

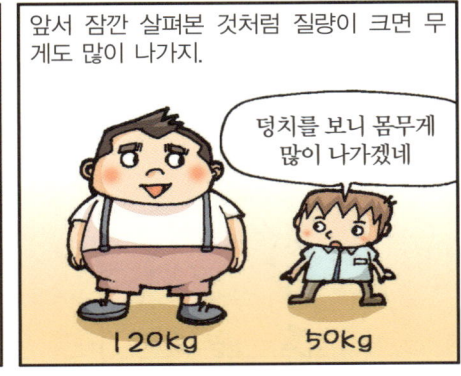

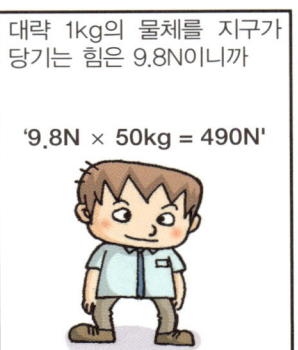

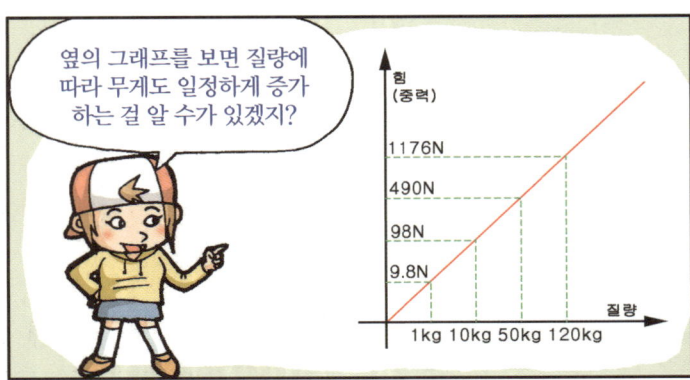

01 여러 가지 힘

힘	물체에 작용하여 변형을 일으키거나 운동 상태를 변화시키는 효과를 나타내는 물리량.	변형의 예 : 풍선을 손으로 누르면 찌그러진다. 운동 상태 변화의 예 : 사과가 나무에서 떨어진다. 변형과 운동 상태 둘 다 변하는 예 : 축구공을 발로 찬다.	
접촉해야만 작용하는 힘			
탄성력	물체가 힘을 받아 변형되었을 때, 원래의 상태로 되돌아가려는 힘.	변형이 일어난 반대 방향으로 힘이 작용.	크기는 작용한 힘의 크기와 같고, 변형된 정도가 클수록 크다.	용수철 저울, 활, 컴퓨터자판, 다이빙, 장대 높이뛰기.
마찰력	물체와 접촉면 사이에서 운동을 방해하는 힘.	물체 운동의 반대 방향으로 힘이 작용.	접촉면이 거칠수록, 접촉면을 수직으로 누르는 힘이 클수록 크기가 커진다. 접촉 넓이는 무관하다.	마찰력이 있어 편리한 경우 – 걸을 때, 바이올린을 켤 때 마찰력이 작아야 편리한 경우 – 창을 열고 닫을 때, 미끄럼을 탈 때.

	접촉하지 않아도 작용하는 힘 (힘의 크기는 두 물체 사이의 거리가 가까울수록 커진다.)		
전기력	전기를 띤 두 물체 사이에 작용하는 힘.	다른 성질 사이에서는 서로 끌어당기는 인력이 작용한다. ⟨N극과 S극, (+)전기와 (−)전기⟩	같은 성질 사이에서는 서로 미는 척력이 작용한다. ⟨N극과 N극, S극과 S극, (+)전기와 (+)전기, (−)전기와 (−)전기⟩
자기력	자석과 자석 또는 자석과 쇠붙이 사이에 작용하는 힘.		
중력		지구(행성)가 물체를 끌어당기는 힘.	항상 지구(행성)의 중심 방향으로 작용하는 인력만 존재한다. 물체의 질량이 클수록 중력의 크기가 커진다.
질량과 무게		질량	무게
		물체의 고유한 양(g, kg)	물체에 작용하는 중력의 크기 (kgf, kg중, N)
		양팔 저울이나 윗접시 저울로 측정	용수철 저울이나 체중계로 측정
		측정 장소에 따라 변하지 않고 일정.	측정 장소에 따라 변함. (달에서는 지구의 1/6)
		지구에서 질량이 1kg인 물체는 약 9.8N의 중력이 작용한다. 따라서 1kg중 = 약 9.8N (10kg중이면 약 98N)	

2. 힘의 측정과 표시

1) 힘의 측정

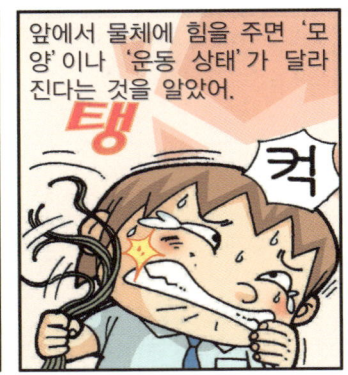

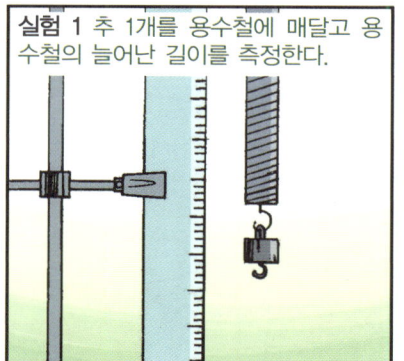
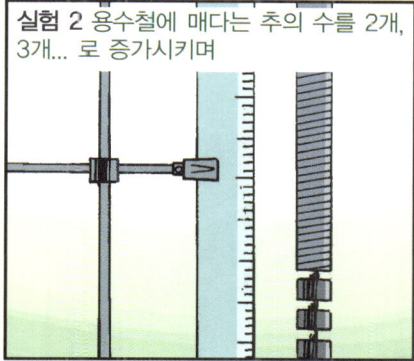

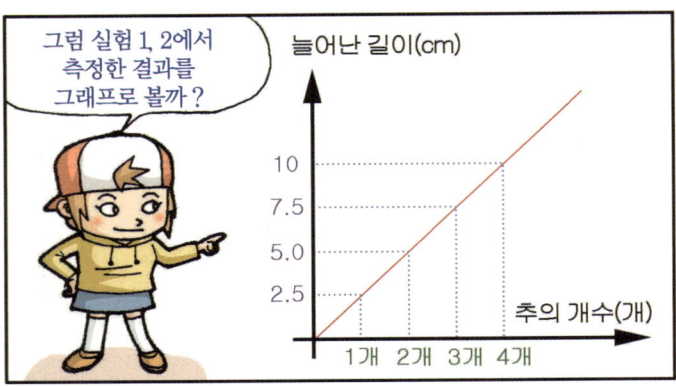

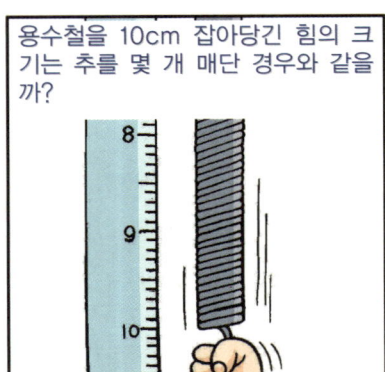

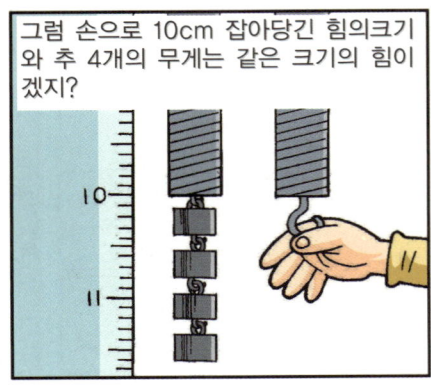

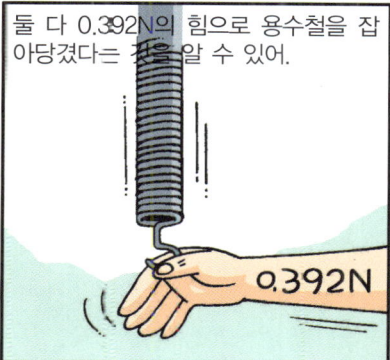

2) 힘의 표시

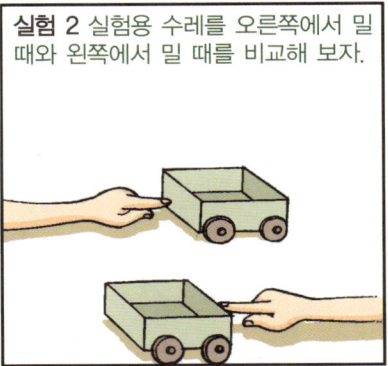

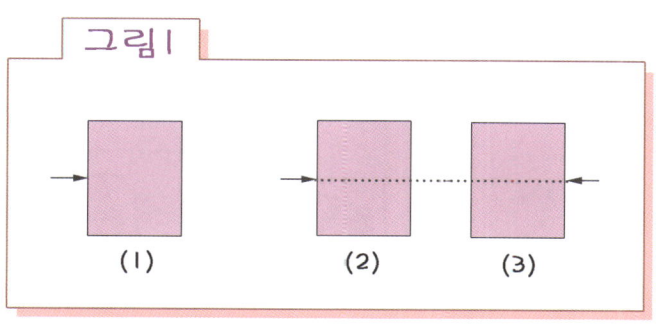
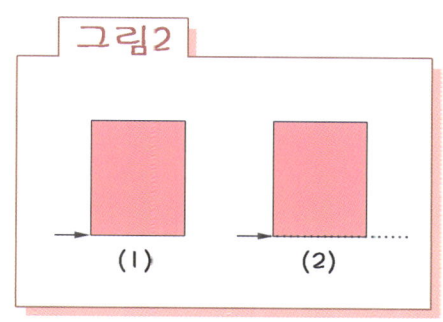
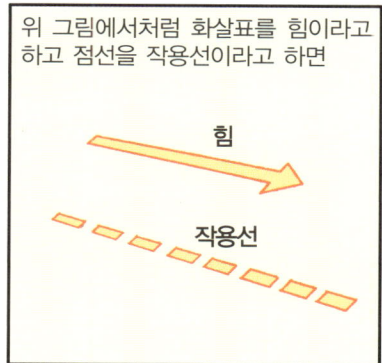
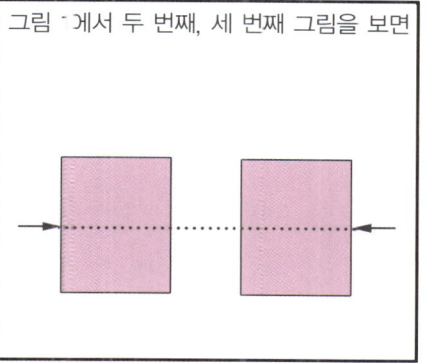

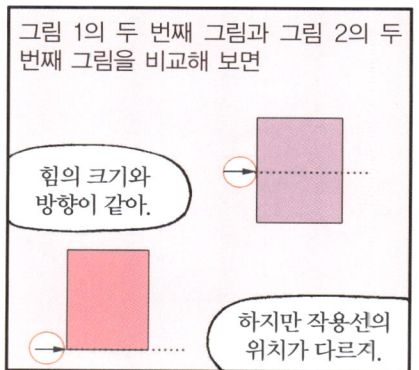

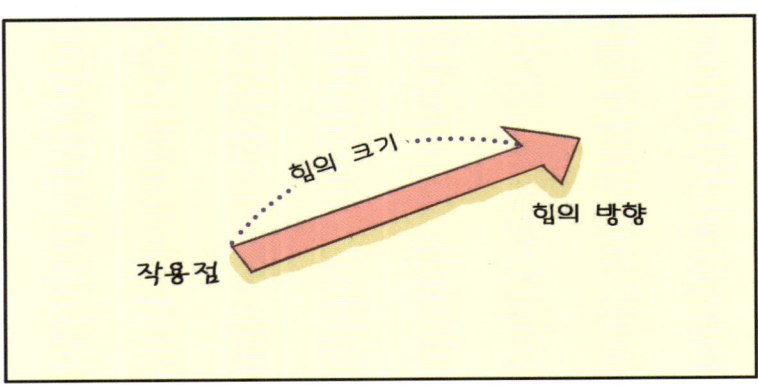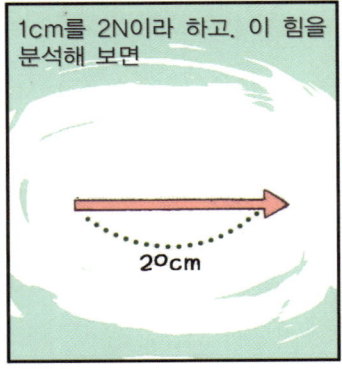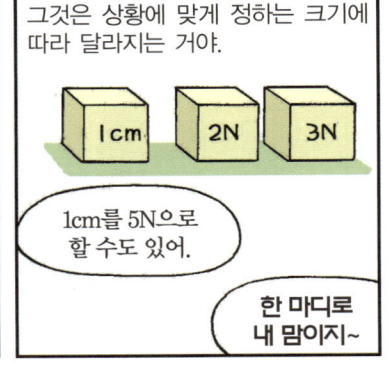

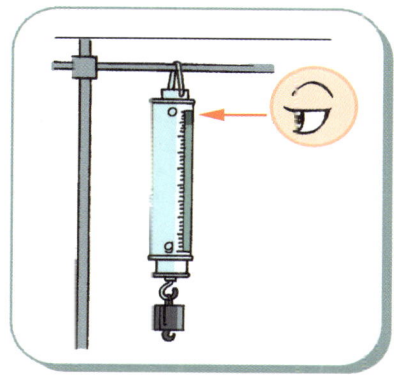

마지막으로 힘의 크기에 사용되는 용수철 저울 사용법을 간단히 정리하고 넘어가자.

〈용수철 저울 사용법〉

1) 용수철 저울의 측정 범위를 확인한다.
2) 용수철 저울을 똑바로 세우고 조정 나사로 0점 조정을 한다.
3) 저울의 눈금을 읽을 때는 눈금과 시선이 수평이 되도록 한다.
4) 최소 눈금의 1/10까지 읽는다.

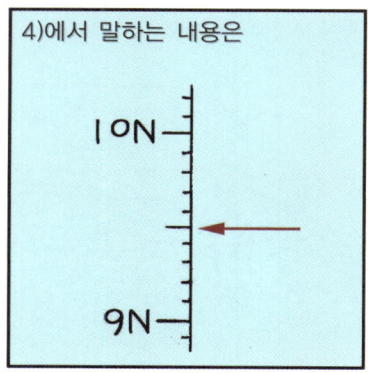

3. 힘의 합성

1) 나란한 두 힘의 합성

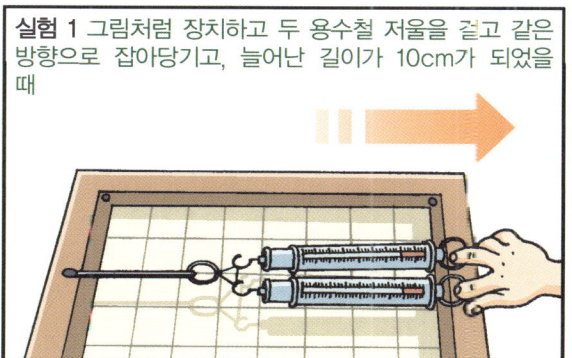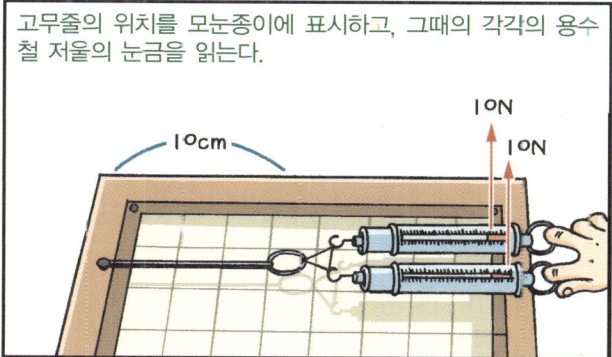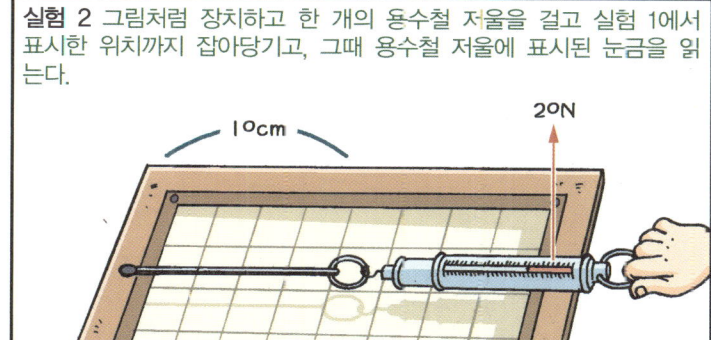

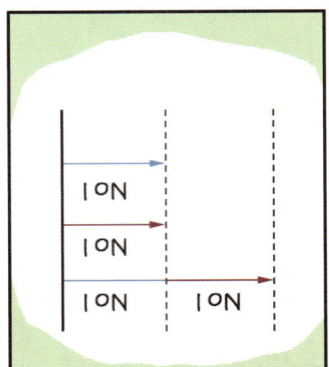

2) 나란하지 않은 두 힘의 합성

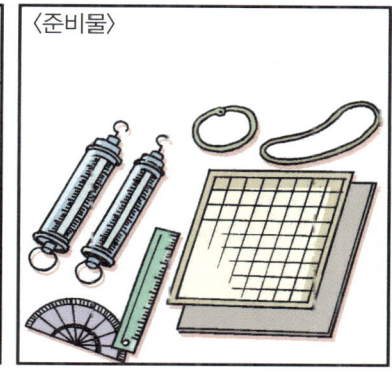

실험 1 그림에서와 같이 일정한 각도로 두 용수철을 벌어지게 하고 10cm가 되는 위치까지 잡아당긴다.

그때의 고두줄의 위치를 표시하고 각각의 용수철 저울의 눈금을 읽는다.

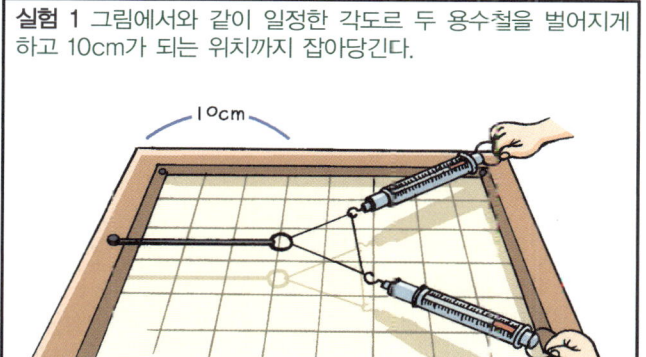
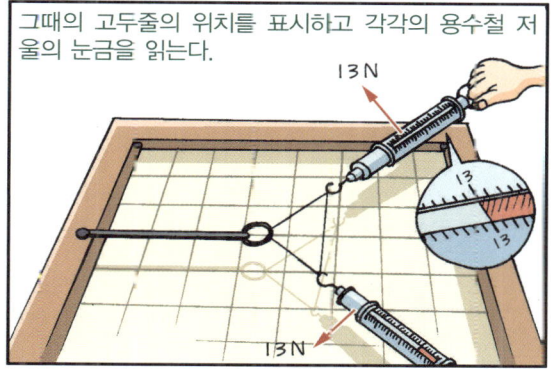

실험 2 그림에서와 같이 벌어진 각도를 실험 1보다 더 크게 하고 10cm가 되는 위치까지 잡아당긴다.

그때의 고무줄의 위치를 표시하고 각각의 용수철 저울의 눈금을 읽는다.

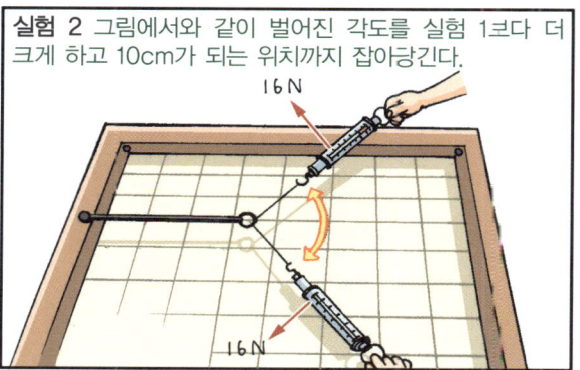

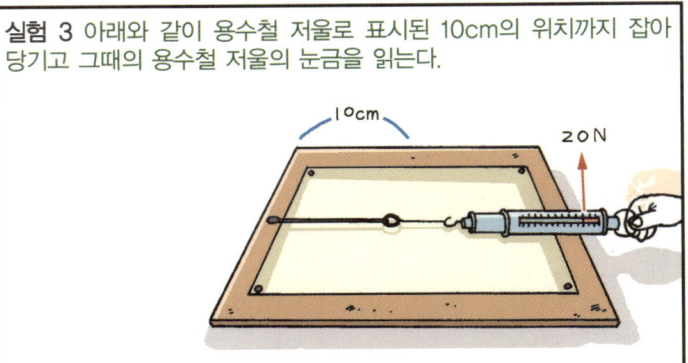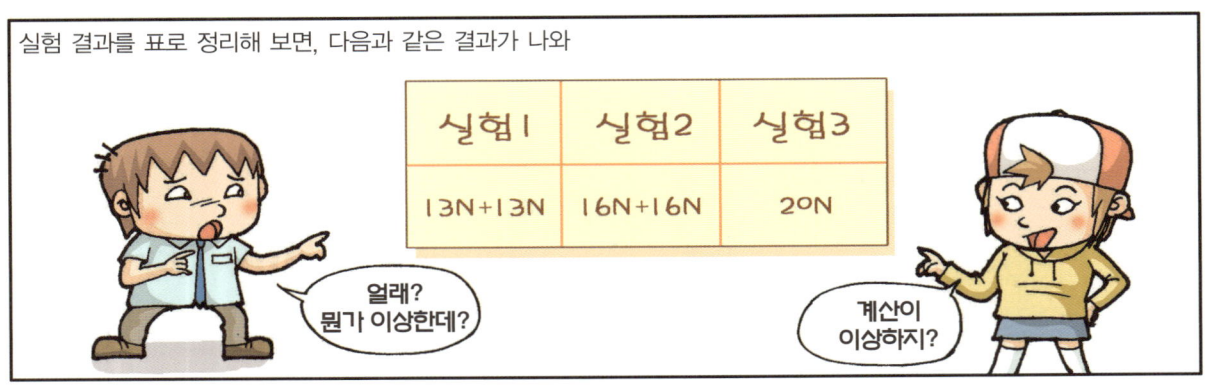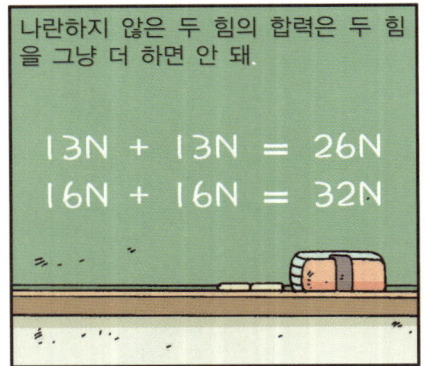

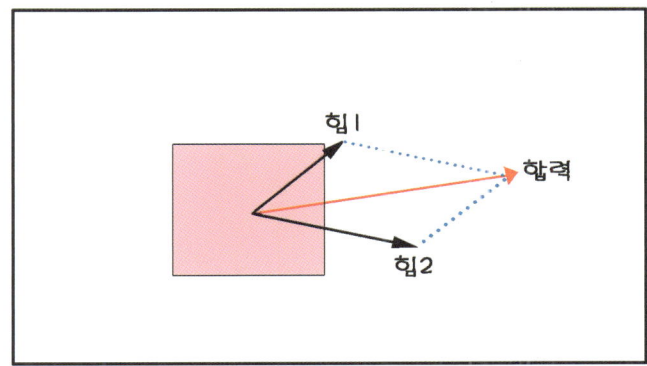

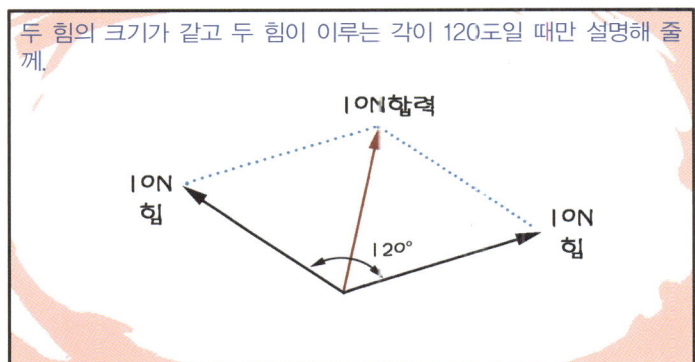

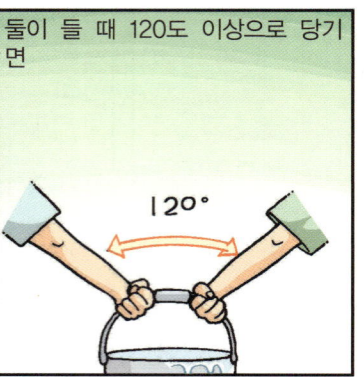

3) 힘의 평형

4) 삼각형법과 세 힘의 합성

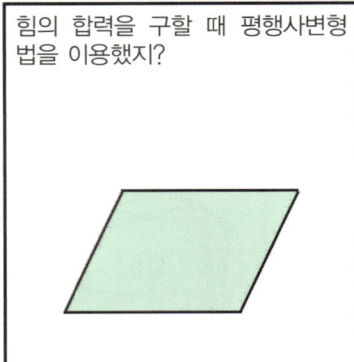

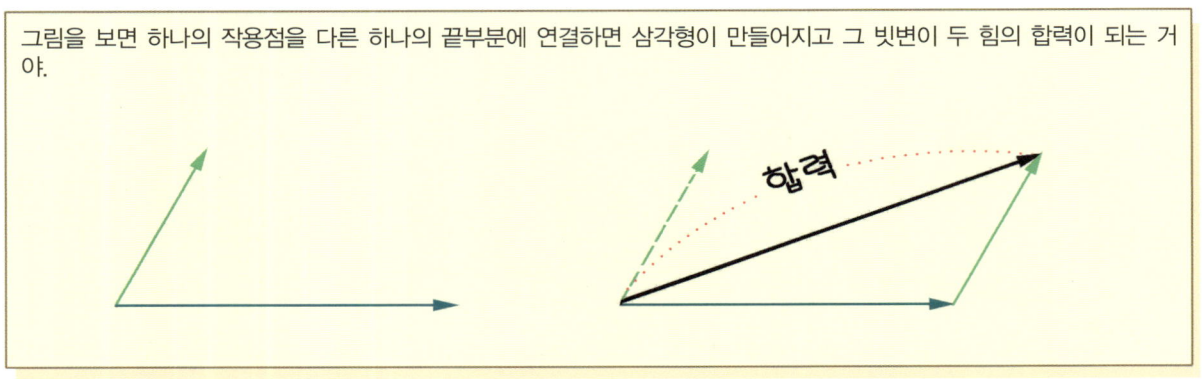

그림을 보면 하나의 작용점을 다른 하나의 끝부분에 연결하면 삼각형이 만들어지고 그 빗변이 두 힘의 합력이 되는 거야.

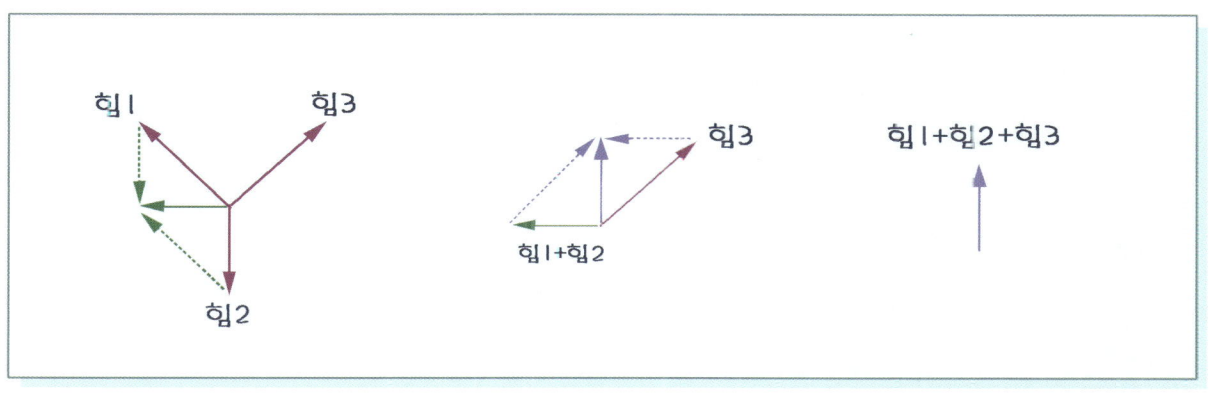

02 힘의 측정과 표시

힘의 측정 원리	용수철의 늘어난 길이가 작용한 힘의 크기에 비례하는 성질을 이용한다. (탄성력의 크기가 작용한 힘과 같고 변형된 정도가 크면 커진다는 원리 이용)	10g(약 0.098N)의 추를 매달아 용수철이 10cm 늘어났다면, 손으로 20cm 늘어나게 잡아당기면 이때 작용한 힘은 20g(약 0.196N)의 추를 달 때의 무게와 같다.
힘의 표시	힘의 크기, 힘의 방향, 힘의 작용점 (힘의 3요소)을 화살표로 나타낸다.	

03 힘의 합성과 평형

- 나란한 두 힘의 합성
- 나란하지 않은 두 힘의 합성
- 힘의 평형

1) 나란한 두 힘의 합성

힘의 합력과 합성	한 물체에 작용하는 여러 힘들을 합한 하나의 힘을 합력(알짜힘)이라고 한다.	합력을 구하는 것을 합성이라 한다.
나란하게 작용하는 두 힘의 합성	**같은 방향으로 작용하는 두 힘의 합성** 두 힘의 방향과 같은 방향이 합력의 방향이고, 두 힘 크기의 합이 합력의 크기이다. $F = F_1 + F_2$	**반대 방향으로 작용하는 두 힘의 합성** 큰 힘의 방향이 합력의 방향이고, 큰 힘의 크기에서 작은 힘의 크기를 뺀 값이 합력의 크기이다. $F = F_1 - F_2$

2) 나란하지 않은 두 힘의 합성

나란하지 않은 두 힘의 합성	두 힘을 두 변으로 하는 평행사변형을 그렸을 때 대각선이 합력을 나타낸다.	
두 힘이 이루는 각과 합력의 크기	두 힘이 이루는 각이 작을수록 합력의 크기가 커진다. $F_A > F_B$	
두 사람이 물체를 들고 있을 때 가하는 힘의 크기	물체의 무게는 일정하지만 물체에 작용하는 힘들이 이루는 각에 따라 합력이 달라지므로 두 힘이 이루는 각이 클수록 가하는 힘이 커진다. $F_1, F_2 < F_1', F_2'$	

3) 힘의 평형

힘의 평형	한 물체에 여러 힘이 작용할 때, 그 힘의 합력(알짜힘)이 0이면 힘의 효과가 나타나지 않는다.	
두 힘의 평형 조건	① 두 힘의 크기가 같다. ② 두 힘의 방향이 반대이다. ③ 두 힘이 같은 작용선상에 있다.	평형이다. / 작용선이 다르면 회전한다.
예	용수철에 매달린 추 탄성력과 추의 무게가 평형을 이룬다.	책상 위의 책 책상이 책을 떠받치는 힘과 책의 무게가 평형을 이룬다.
세 힘의 합성	두 힘의 합력을 구한 후에 그 합력과 나머지 힘의 합력을 구한다.	

이 단원에서 배울 내용

개정 교육과정

- 초 5 | 물체의 속력
- **중 1 | 힘과 운동**
- 고 1 | 물체의 운동

7차 교육과정

- 초 5 | 물체의 속력
- 중 2 | 여러 가지 운동
- 고 1 | 힘과 에너지

카툰과학 물리·상

II. 여러 가지 운동

1. 물체의 운동

(1) 위치 표현
(2) 빠르기
(3) 속력의 측정 방법

2. 속력이 변하지 않는 운동

(1) 등속 운동
(2) 알짜힘과 등속 운동

3. 속력이 변하는 운동

(1) 등가속 운동
(2) 낙하 운동

4. 방향만 변하는 운동

(1) 등속 원운동과 그 조건
(2) 원운동과 주기 운동의 관계

5. 속력과 방향이 동시에 변하는 운동

(1) 진자 운동
(2) 포물선 운동
(3) 가속도
(4) 작용 – 반작용

II. 여러 가지 운동

단원 들어가기

1. 물체의 운동

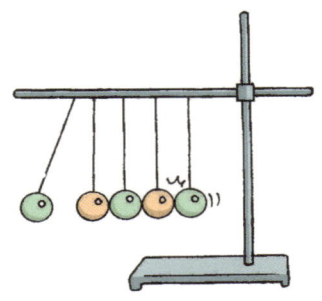

1) 위치 표현

'○에서 ●쪽으로 ★만큼 떨어져 있다'는 문장에서

기준점을 경찰서로 바꾸면 어떻게 될까?

우체국은 경찰서에서 왼쪽으로 100m에 있다.

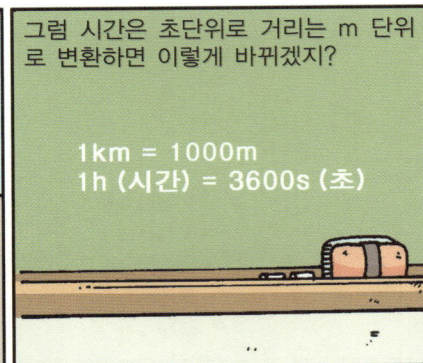
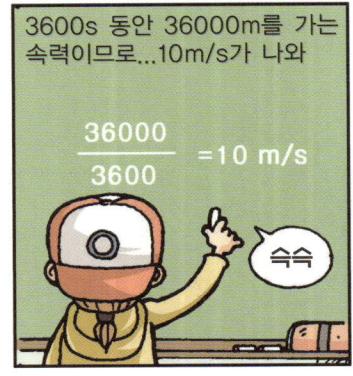

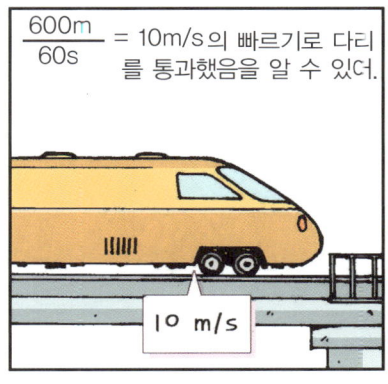

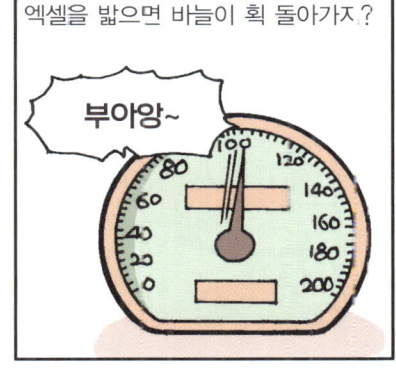

* 물체를 보는 기준에 따라 달라지는 속도인 '상대 속도'는 무엇이 기준인지를 항상 생각하세요!

경우1	경우2
어진(동쪽으로 시속 100km) ← 일진(서쪽으로 시속 70km)	일진(동쪽으로 시속 70km) → 어진(동쪽으로 시속 100km) →

〈경우 1〉에서 어진이가 일진이를 본다면

일진이는 서쪽으로 시속 170km로 달리는 것처럼 보일 것이고
"디따 빠르네.."

일진이가 어진이를 본다면

어진이는 동쪽으로 시속 170km로 움직이는 것처럼 보일 거야.
"짜식.. 엄청 빠르잖아"

즉, **둘의 방향이 반대**일 때는

두 물체의 속력을 더한 것이 상대 속도의 크기가 돼
"어라? 그럼 실제보다 더 빠르게 보이는 거였어?"

〈경우2〉에서는 어진이가 일진이를 본다면

서쪽으로 시속 30km의 빠르기로 멀어지고
"쟨 뒤로 달리는 건가?"

일진이가 어진이를 본다면
"헛!"

3) 속력의 측정 방법

속력을 측정하는 방법에는 여러 가지가 있어.

시간 기록계, 다중 섬광 사진, 속도 측정기, 물체에 속력계를 직접 장치하는 방법 등

말부터 어려워~

여기서는 교과서에 많이 나오는 시간 기록계와

다중 섬광 사진 분석법을 이야기 할 거야.

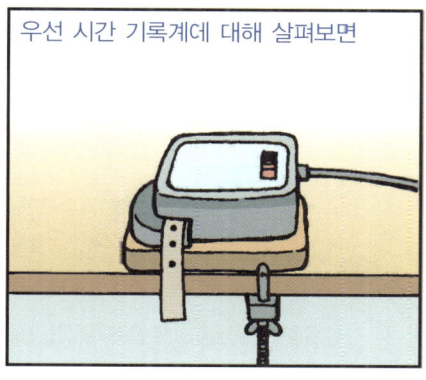

우선 시간 기록계에 대해 살펴보면

시간 기록계는 진동편이 있고

그 아래로 종이 테이프가 지나가게 되어 있어.

전원을 연결하면 진동편은 일정한 시간 간격으로 진동하며

그 때마다 종이 테이프에 타점이 찍히지.

따라서 종이 테이프의 한 끝을 잡아당기면

일정한 시간마다 타점이 종이 테이프에 기록돼.

좀 더 설명해 줘~

호호- 실험을 보면 알 수 있을 거야.

〈준비물〉

① 그림과 같이 수평면 위에 시간 기록계와 수레를 장치한다.

② 종이 테이프를 시간 기록계에 끼우고 종이 테이프 끝을 수레에 붙인다.

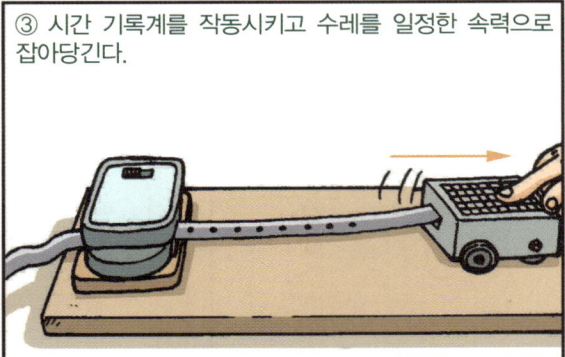
③ 시간 기록계를 작동시키고 수레를 일정한 속력으로 잡아당긴다.

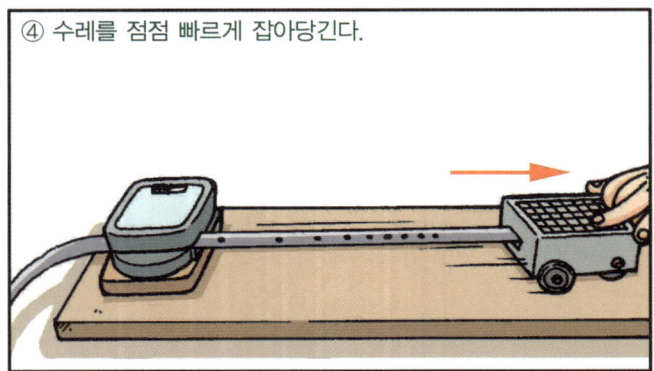
④ 수레를 점점 빠르게 잡아당긴다.

⑤ 수레를 점점 느리게 잡아당긴다.

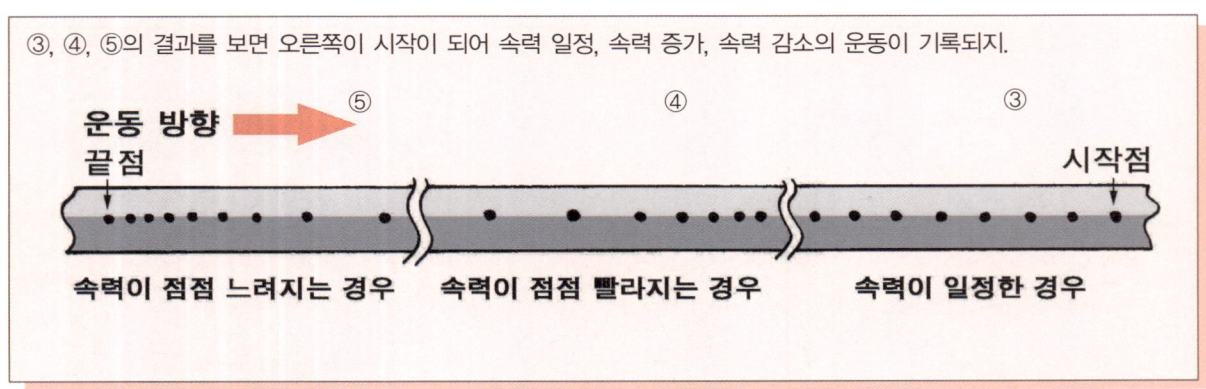
③, ④, ⑤의 결과를 보면 오른쪽이 시작이 되어 속력 일정, 속력 증가, 속력 감소의 운동이 기록되지.

70 II. 여러 가지 운동

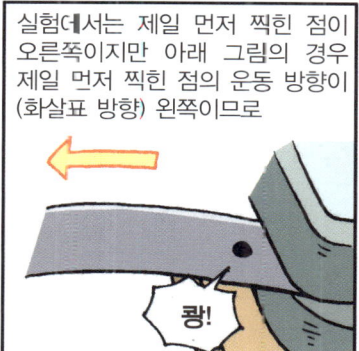

*시간 기록계에서 잡아당긴 방향의 첫 번째 찍힌 점을 출발점으로 생각하세요!

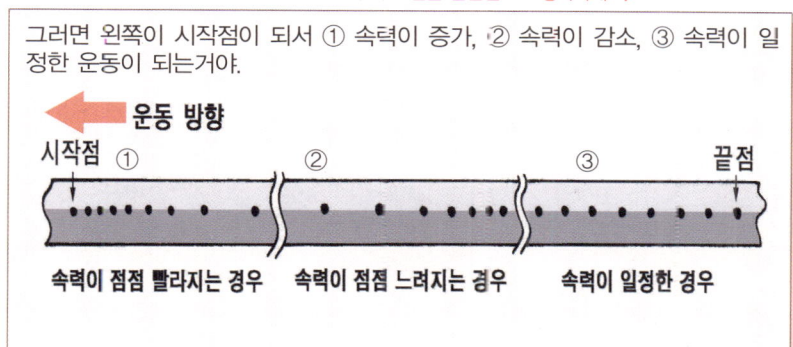

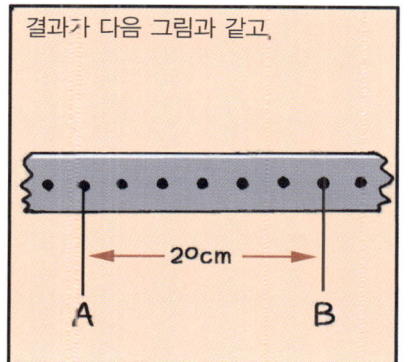

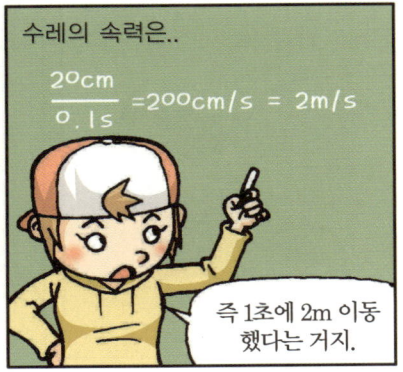

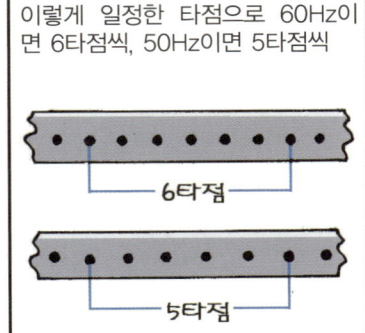

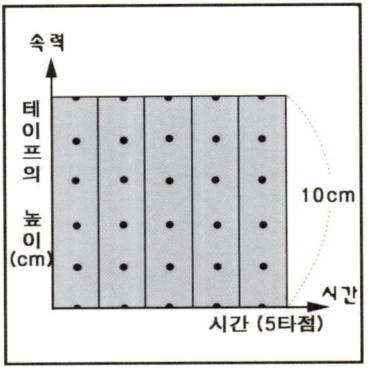

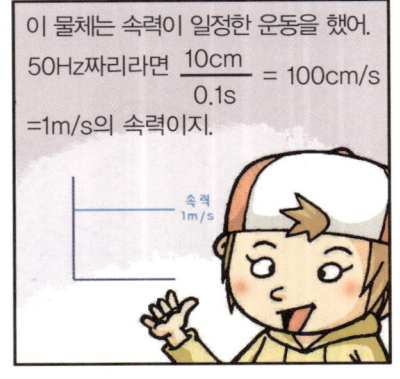
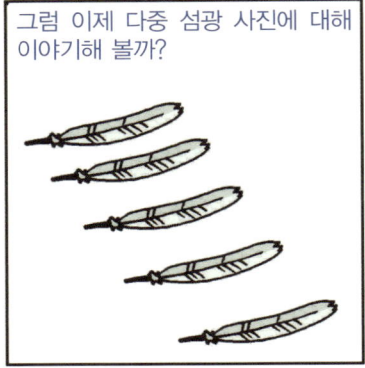

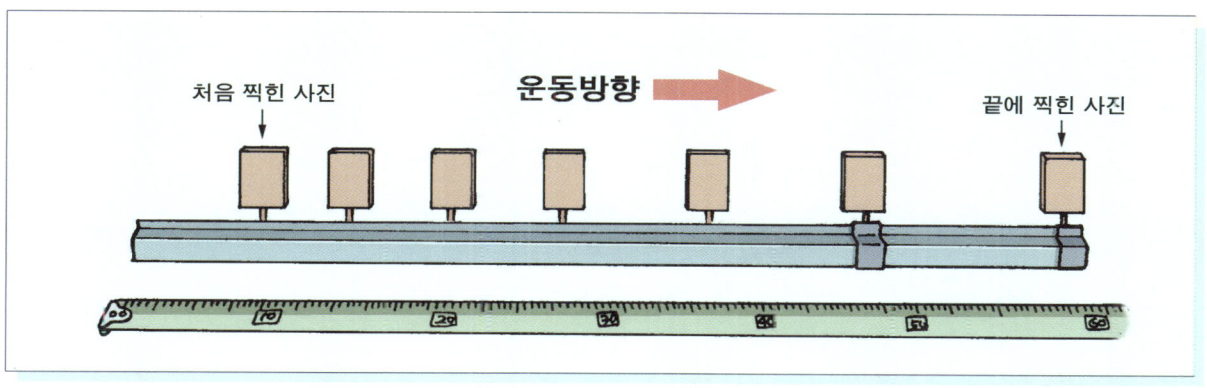

01 물체의 운동

- 위치 표현
- 빠르기
- 속력의 측정 방법

1) 위치 표현

위치 표현 3요소	물체의 위치를 나타낼 때 반드시 필요한 3가지로 기준점, 방향, 거리가 있다.	 경찰서 — 우체국 — 학교 — 백화점 서쪽 ←400m — 200m — 200m→ 동쪽 학교는 우체국에서 동쪽으로 200m 위치에 있다. 기준점(우체국), 방향(동쪽), 거리(200m)
	같은 장소의 위치라도 기준점이 바뀌면 방향과 거리가 바뀐다.	기준점이 백화점으로 바뀌면, 학교는 백화점에서 서쪽으로 200m 위치에 있다. 기준점(백화점), 방향(서쪽), 거리(200m)

2) 빠르기

	일정한 거리를 기준.	일정한 시간을 기준.
빠르기	걸린 시간이 짧을수록 빠르다.	이동 거리가 길수록 빠르다.
	100m 달리기의 기록이 A=15s, B=12s이면 B가 A보다 더 빠르다.	1시간 동안 이동한 거리가 A=20km, B=25km이면 B가 A보다 더 빠르다.
속력	일정한 시간을 기준으로 이동한 거리를 속력으로 사용한다.	$속력 = \dfrac{이동 거리}{걸린 시간}$ 따라서 속력의 단위는, 초속-m/s, 시속-km/h를 많이 사용.
단위별 속력	단위가 다른 물체의 속력은 단위를 통일하여 비교한다. (km/h를 m/s로 바꿀 때는 3.6으로 나누면 된다.)	초속 25m(25m/s)로 달리는 A 시속 36km(36km/h)로 이동 중인 B A=25m/s B=3600m/(60×60)s=10m/s 따라서 A가 B보다 빠르다.

평균 속력	운동하는 도중의 속력 변화는 생각하지 않고 전체 이동 거리를 총 걸린 시간으로 나눈 값.	역에서 주유소까지 2분, 주유소에서 우체국까지 3분, 우체국에서 학교까지 5분 걸렸다면, 역에서 학교까지의 평균 속력은 (200+400+300)m/(120+180+300)s =900m/500s=1.5m/s이다.
순간 속력	어떤 순간의 속력	예 - 자동차를 타고 갈 때 속력계에 매순간 표시되는 속력.

3) 속력의 측정 방법

측정 방법	시간 기록계, 다중 섬광 사진, 속력 측정기, 물체에 속력계를 직접 장치하는 방법 등이 있다.	
시간 기록계	일정한 시간 간격으로 진동편이 진동하며 지나가는 종이 테이프에 타점을 찍는 장치. ←(종이 테이프의 이동 방향) A B C D	타점의 간격이 넓은 것이 좁은 것보다 빠른 운동을 한 물체이다. 타점의 간격이 일정하면 속력이 일정한 운동(A) 타점의 간격이 좁아지면 속력이 감소하는 운동(B) 타점의 간격이 멀어지면 속력이 증가하는 운동(C) 간격이 멀어지다 좁아지면 빨라지다가 느려지는 운동(D)을 하는 물체의 빠르기가 기록된 것이다.
시간 기록계에서 속력 계산	기록계의 진동수를 확인하고 타점수를 세어 시간을 계산. 그리고 종이 테이프의 길이를 측정한다.	60Hz짜리 시간 기록계이면, 1타점에 1/60초이므로 위 그림은 6타점에 20cm로 보면, 20cm/0.1초=200cm/s 의 속력으로 계산된다.

2. 속력이 변하지 않는 운동

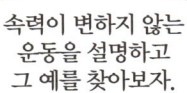

1) 등속 운동

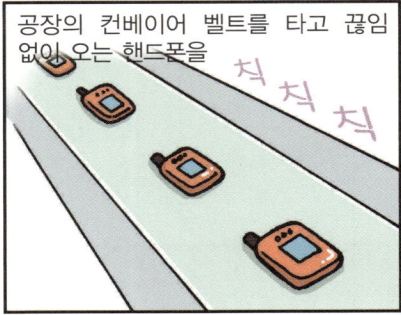

공장의 컨베이어 벨트를 타고 끊임없이 오는 핸드폰을

한자리에서 재빨리 볼트 몇 개만 조이는 장면을 뉴스에서 본 적 있지?

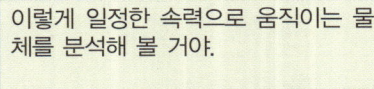

이렇게 일정한 속력으로 움직이는 물체를 분석해 볼 거야.

실험 1 백화점 에스컬레이터의 손잡이에 줄자를 붙인다.

실험 2 에스컬레이터를 탑승하고 1초마다 이동한 거리를 측정한다.

자, 이제 실험 결과를 분석해 볼까?

시간(초)	0	1	2	3	4	5
위치(cm)	0	20	40	60	80	100

이 표를 이렇게 바꿔 볼까?

시간(초)	0~1	1~2	2~3	3~4	4~5
이동 거리(cm)	20	20	20	20	20
속력(cm/s)	20	20	20	20	20

그리고 이 표를 다시 **시간 - 이동 거리** 그래프와 **시간 - 속력** 그래프로 그리면 아래와 같아.

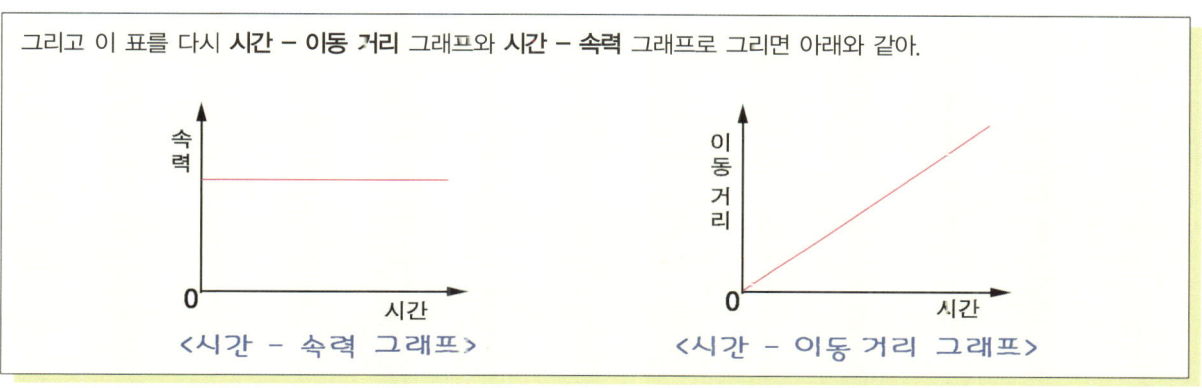

이러한 운동처럼 **운동 방향과 속력이 일정한 운동**을 등속 직선 운동이라고 해.

이러한 운동은 그래프에서 보듯이 **이동 거리가 시간에 비례해서 일정하게 증가하고**

째깍 째깍 째깍

속력은 일정하지.

빨리 가려고 속도 위반하는 경우는 절대 없어.

위 두 그래프를 분석하는 방법을 살펴보면

먼저 시간 - 속력 그래프에서 아래 넓이는 무엇일까?

어.. 그.. 글쎄..

시간 - 속력 그래프에서 넓이는 속력×시간이지!

그럼 속력 = 이동 거리 ÷ 시간에서 속력×시간은 이동 거리가 되는 거야

오~ 글쿤~

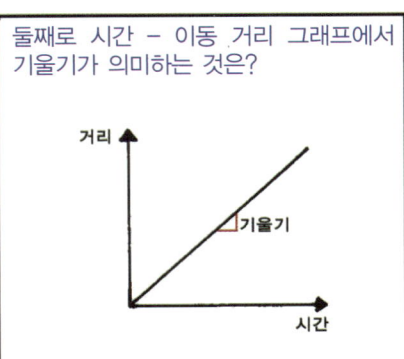

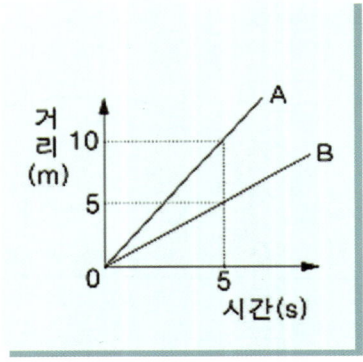

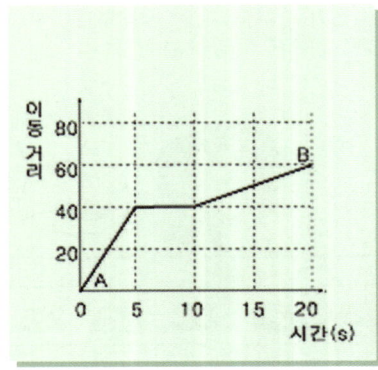

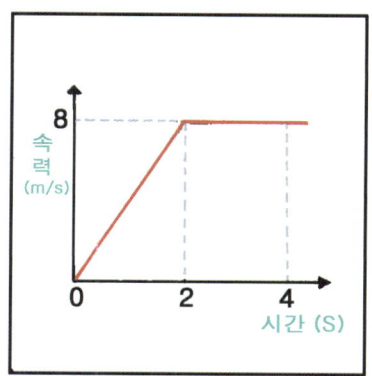

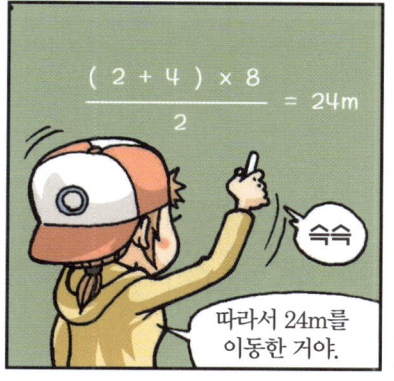

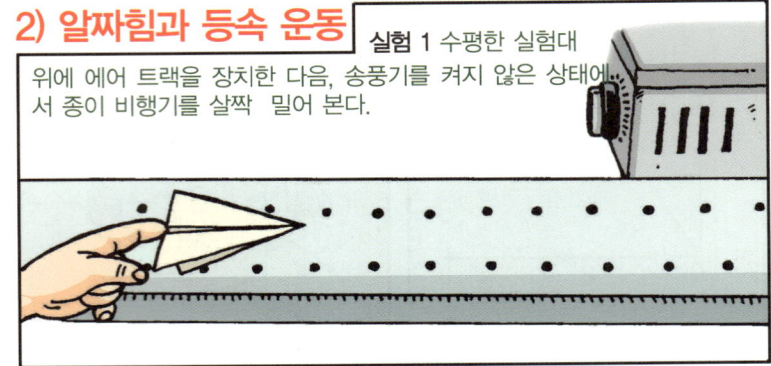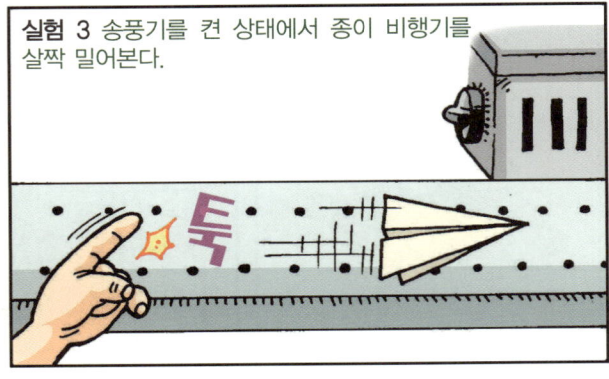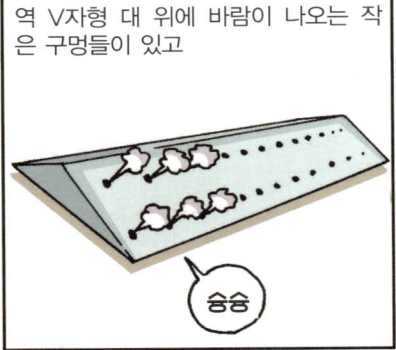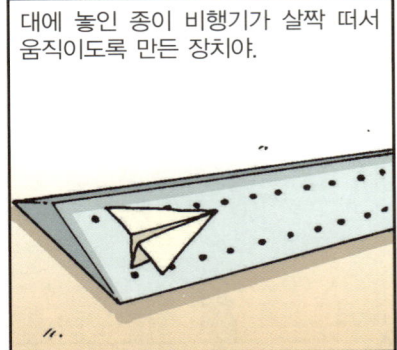

그러나 송풍기를 켠 상태에서 비행기를 밀었을 때 등속 운동을 하고

송풍기를 켜지 않은 상태에서 등속 운동을 시키려면 손으로 일정한 힘을 가해야 하는 것으로 보아

마찰력이 없으면 물체는 등속 운동을 하고

비행기가 가는 데 방해하는 마찰력이 없지~

마찰력이 있으면 그와 같은 크기의 힘을 계속 작용해야 한다는 것을 이 실험으로 알 수 있어.

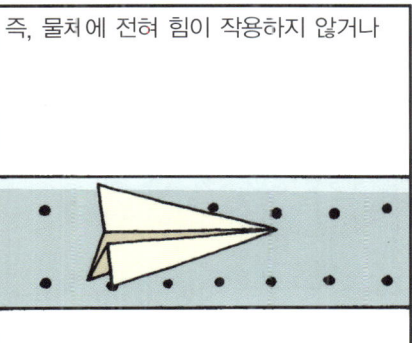
즉, 물체에 전혀 힘이 작용하지 않거나

물체에 작용하는 합력이 0이면

물체는 등속 직선 운동을 한다는 것을 알 수 있어

*관성의 법칙 : 알짜힘이 0일 때 정지한 물체는 계속 정지하고, 움직이던 물체는 계속 움직이는 성질

어라? 물체에 힘이 전혀 작용하지 않거나 물체에 작용하는 합력이 0이면 정지해 있는 거 아냐?

맞아

정지한 물체는 계속 정지해 있고 움직이던 물체는 계속 등속 직선 운동을 하는 거야.

째깍 째깍

한 번도 쉬지 않고 움직이다니.. 힘들겠다.

이것을 관성의 법칙이라 하는데

난 뉴턴이 만든 제 1법칙 이야~

물체에 가해지는 **알짜힘이 0**일 때 적용되는 법칙이지.

알짜힘은 또 뭐야?

알짜힘이란 물체에 가해지는 **모든 힘들의 합력**을 이야기 하는 거야.

힘 힘 힘

밑에서 당기는 힘~ 옆에서 미는 힘~ 위에서 누르는 힘~

그럼 갈릴레이의 사고 실험으로 다시 얘기해 줄까?

다 같이 생각해 봅시다.

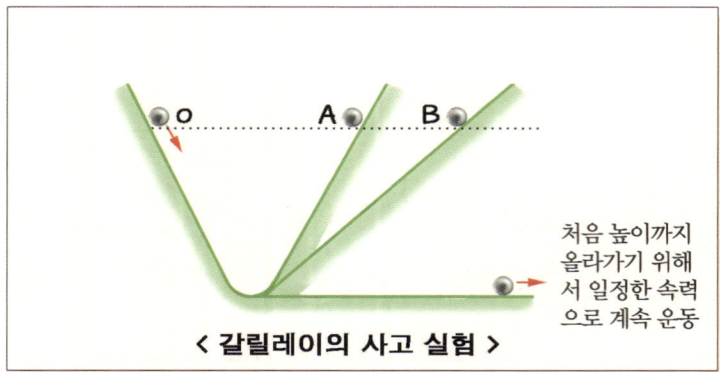

< 갈릴레이의 사고 실험 >

* 이 실험은 알짜힘이 0일 때, 운동하던 물체는 계속 그 운동을 유지하려 한다는 운동 관성을 설명할 수 있겠죠!

속력이 변하지 않는 운동 : 등속 운동 : 알짜힘과 등속 운동

1) 등속 운동

등속 운동	속력과 방향이 일정한 운동 (등속 직선 운동)	물체에 힘이 작용하지 않거나 합력이 0일 때, 즉 알짜힘이 0일 때 가능한 운동 상태(등속 직선 운동이나 정지 상태의 물체).
등속 직선 운동	단위 시간 동안 이동한 거리가 일정하다.	에스컬레이터, 컨베이어 벨트, 무빙워크 등
시간-거리 그래프	(그래프: 이동 거리 vs 시간, 기울기=이동 거리/시간=속력) A가 B보다 빠르다.	원점을 지나는 직선 모양이다. 시간에 비례하여 이동 거리가 증가한다. 기울기가 속력으로 일정하다. 기울기가 클수록 속력이 빠르다.
시간-속력 그래프	(그래프: 기울기=0(속력 일정), 넓이=속력×시간=이동 거리)	시간축에 나란한 직선 모양이다. 아래 부분의 넓이가 이동 거리이다.
운동의 기록	타점 사이의 간격이 일정. 다중 섬광 사진의 물체 간격이 일정하다.	잘라 붙인 종이 테이프의 높이가 일정하다.

2) 알짜힘과 등속 운동

	0일 때	0이 아닐 때
알짜힘	정지한 물체는 계속 정지해 있고, 운동하던 물체는 등속 직선 운동을 한다.	운동 상태, 즉 속력이나 방향이 변한다.
	에어트랙을 켜고 종이 비행기를 한 번 밀었을 때 에어트랙을 켜지 않았고 일정한 힘(마찰력과 크기가 같고 반대인 힘)으로 종이 비행기를 계속 밀어 줄 때 등속 운동을 한다.	에어트랙을 켜지 않고 종이 비행기를 한 번 밀어 주면 정지한다.
관성	물체에 외부로부터 힘을 받지 않을 때(알짜힘이 0) 처음의 운동 상태를 유지하려는 힘.	정지 관성과 운동 관성이 있다. 관성은 질량이 클수록, 속도 변화가 클수록 잘 나타난다.
	정지 관성 정지해 있는 물체는 정지 상태를 계속 유지하려 한다.	운동 관성 운동하던 물체는 등속 직선 운동을 한다.
	이불의 먼지 털기 컵 위에 종이를 놓고 동전을 올린 다음 갑자기 당기면 동전이 아래로 떨어지는 현상. 차가 급출발하면 사람이 뒤로 넘어지는 현상.	달리다 돌에 걸려 넘어지는 사람. 100m 달리기에서 결승점에 도달했지만 바로 멈추지 못하고 좀 더 달리는 현상. 차가 급정거시에 사람이 앞으로 넘어지는 현상.

3. 속력이 변하는 운동

1) 등가속도 운동

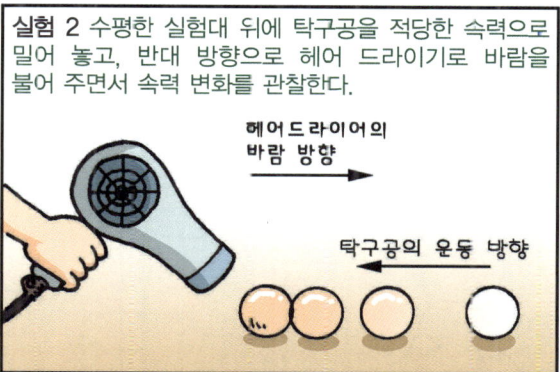

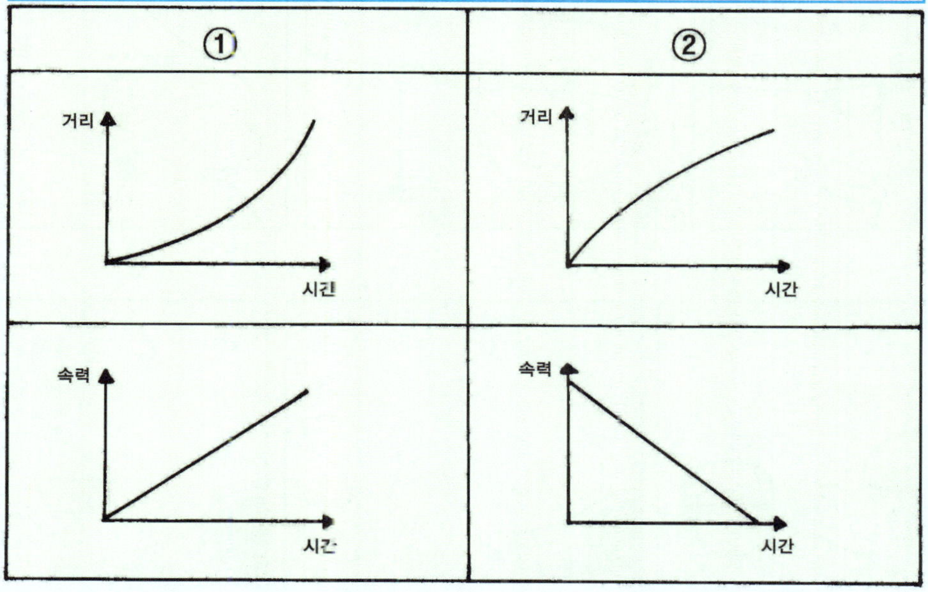

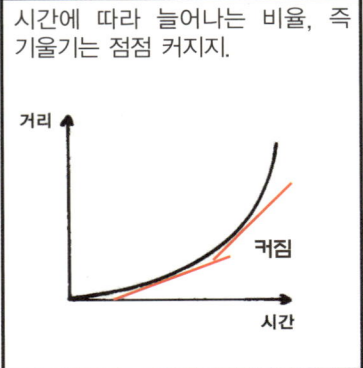
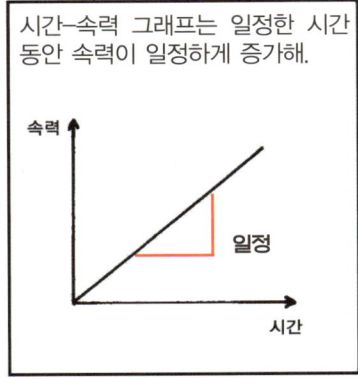
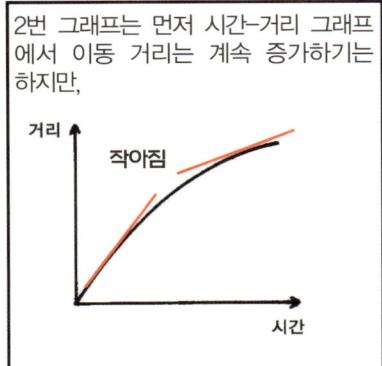

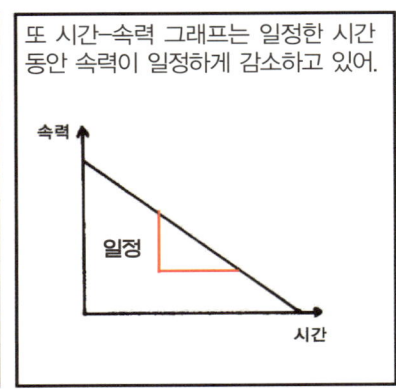

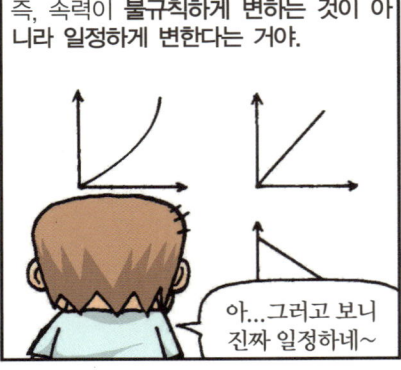

2) 낙하 운동

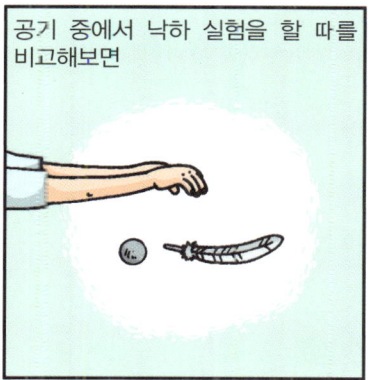

03 속력이 변하는 운동
- 등가속 운동
- 낙하 운동

1) 등가속도 운동

등가속도 운동	일정한 크기의 알짜힘을 받아 속력이 일정하게 증가하거나 감소하는 운동.
평균 속력	등가속도 운동일 때는 평균 속력 = (처음 속력 + 나중 속력)/2로 계산해도 된다.
힘의 방향과 속력의 변화	**알짜힘의 방향과 운동 방향이 나란할 때** 속력이 증가한다. (낙하하는 물체의 운동) 운동 방향-아래 힘의 방향-아래(중력) **알짜힘의 방향과 운동 방향이 반대일 때** 속력이 감소한다. (수직으로 던진 물체의 운동) 운동 방향-위 힘의 방향-아래(중력)

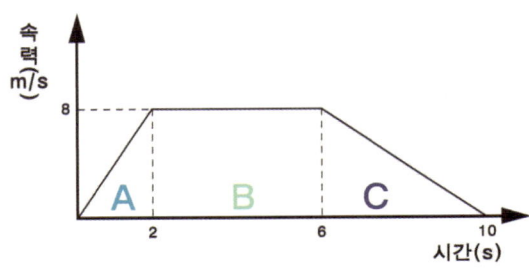

0~2초(A구간) - 등가속

속력이 $\frac{8-0}{2}$=초당 4m/s씩 일정하게 빨라지고 있다.

운동 방향과 알짜힘의 방향이 같다.
알짜힘의 크기가 일정하게 유지되었다.

이동 거리 = $\frac{1}{2} \times 8 \times 2 = 8m$

평균 속력 = $\frac{8m}{2s}$ = 4m/s (또는 $\frac{0+8}{2}$ = 4m/s)

2~6초(B구간) - 등속

속력이 변화 없는 등속 운동 구간이다.
알짜힘이 0이다.
이동 거리 8×(6-2)=32m
평균 속력 8m/s

6~10초(C구간) - 등가속

속력이 $\frac{8m/s}{4s}$ = 초당 2m/s씩 일정하게 느려지고 있다.

운동 방향과 알짜힘의 방향이 반대이다.
알짜힘의 크기가 일정하게 유지되었다.

이동 거리 = $\frac{1}{2} \times 8 \times (10-6) = 16m$

평균 속력 = $\frac{16m}{4s}$ = 4m/s (또는 $\frac{0+8}{2}$ = 4m/s)

2) 낙하 운동

공기 중에서	낙하하는 물체는 중력 0 외에 낙하 반대 방향으로 공기 저항을 받는다.
	이 때 깃털과 같이 공기 저항을 크게 받는 물체는 그렇지 않은 쇠구슬보다 늦게 떨어진다.
진공에서	질량이나 크기에 관계없이 같은 높이라면 똑같이 떨어진다.
	초당 약 9.8m/s씩 빨라진다.
속력 변화	힘의 크기가 크면 속력 변화량이 커지고 질량이 크면 속력 변화량이 작아진다.
	 A는 초당 6m/s씩 속력이 증가, B는 초당 2m/s 씩 증가 <두 물체의 질량이 같다면> A가 B보다 받는 알짜힘의 크기가 3배 크다. <두 물체가 받는 힘의 크기가 같다면> A의 질량이 B 질량의 $\frac{1}{3}$이다.
자유 낙하 운동	진공 중에서 가만히 놓아 떨어뜨린 물체의 운동으로, 물체가 중력만을 받아 속력이 일정하게 증가하며 연직 아래로 떨어진다.
	중력에 의해 속력이 커지는 정도와 질량에 의해 속력 변화가 작아지는 정도가 정확히 상쇄되어, 무거운 물체와 가벼운 물체의 속력 변화는 같다.

메모하기

4. 방향만 변하는 운동

1) 등속 원운동

2) 등속 원운동의 조건

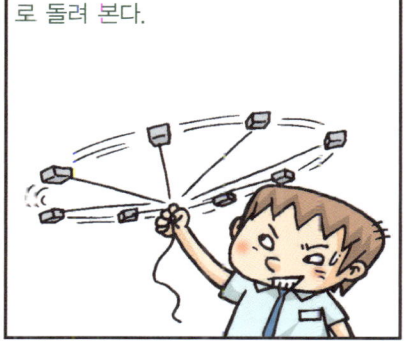
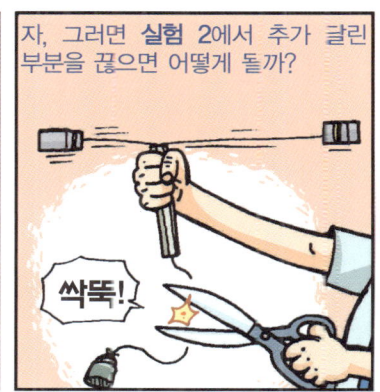

4. 방향만 변하는 운동

원의 접선 : 원의 한점을 지나는 직선으로 그 점을 지나는 지름과 접선은 수직을 이룬다.

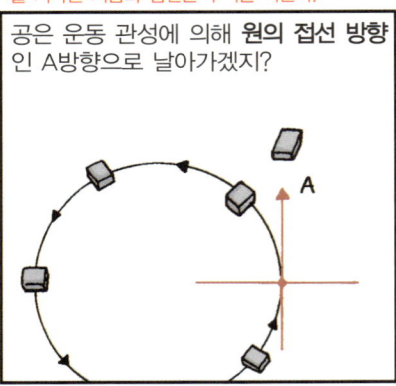

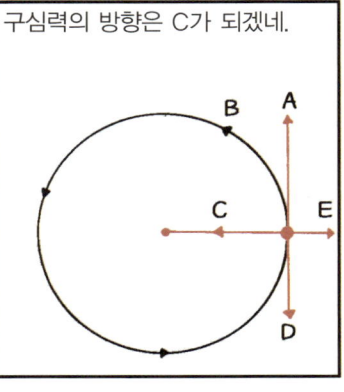

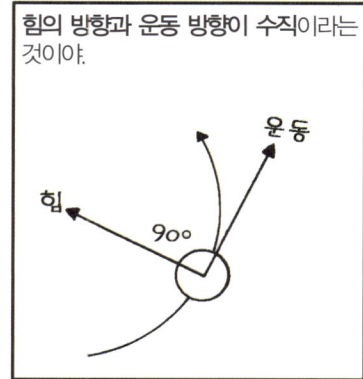

3) 원운동과 주기 운동의 관계

※ 구심력의 크기는 원운동하는 물체의 질량이 클수록, 속력이 빠를수록, 반지름이 작을수록 커진다는 것도 알아두세요~

방향만 변하는 운동

- 등속 원운동과 그 조건
- 원운동과 주기 운동의 관계

1) 등속 원운동과 그 조건

등속 원운동	알짜힘이 속력을 변화시키는 데 쓰이지 않고 방향을 변화시키는 데 쓰여서, 일정한 속력으로 원궤도를 따라 도는 운동.
예	인공위성, 회전 목마, 시계 바늘
조건	(그림: 원궤도를 도는 물체, A-접선방향, B-중심방향, C-바깥방향, D-접선반대방향, 운동 방향) 작용하는 힘의 방향 – 원의 중심 방향(B), 구심력이라 한다. 물체의 운동 방향 – 원의 접선 방향(A) 작용하는 힘의 방향과 물체의 운동 방향이 수직을 이루면 등속 원운동을 한다.

2) 원운동과 주기 운동의 관계

주기	원궤도를 따라 한 바퀴 도는 데 걸리는 시간(s)
진동수	1초 동안 원궤도를 도는 횟수(Hz)
속력	속력 = $\dfrac{\text{이동 거리}}{\text{걸린 시간}}$ = $\dfrac{2\pi \times \text{반지름}}{\text{주기}}$ = $(2\pi \times \text{반지름}) \times \text{진동수}$ 따라서 주기와 속력은 반비례한다.
속력 변화	구심력이 크고 줄의 길이가 짧을수록 속력이 커진다.
주기의 변화	구심력이 작고 줄의 길이가 길수록 주기가 커진다.

단원정리하기

메모하기

5. 속력과 방향이 동시에 변하는 운동

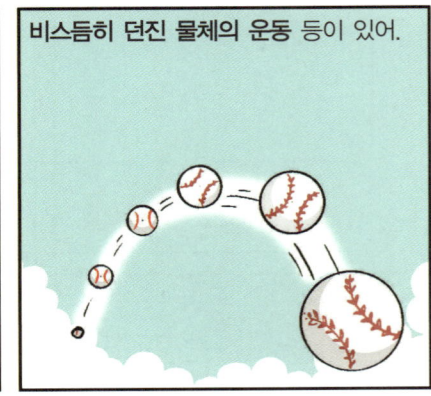

1) 단진자 운동

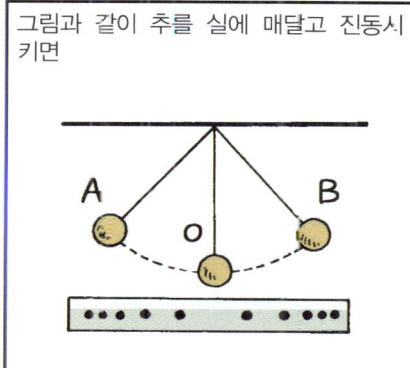
그림과 같이 추를 실에 매달고 진동시키면

추는 중앙의 O점을 중심으로 **왕복 운동**을 하는데

이러한 장치를 **단진자**라고 하고 이런 운동을 단진자 운동이라고 해.

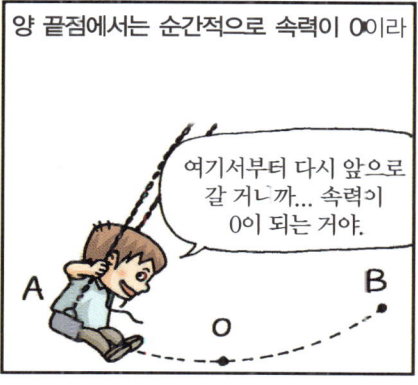
양 끝점에서는 순간적으로 속력이 0이라 "여기서부터 다시 앞으로 갈 거니까... 속력이 0이 되는 거야."

만약 A와 B 지점에서 줄이 끊어지면 그냥 아래로 떨어지고

다른 지점에서 끊어진다면 진행 방향의 **호의 접선 방향**으로 날아가지.

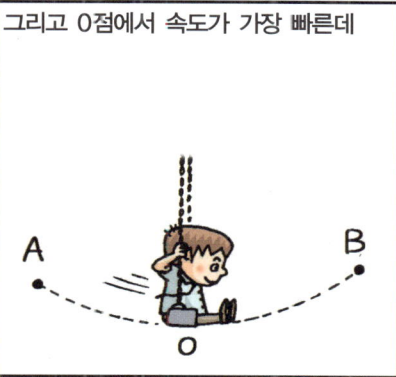
그리고 O점에서 속도가 가장 빠른데

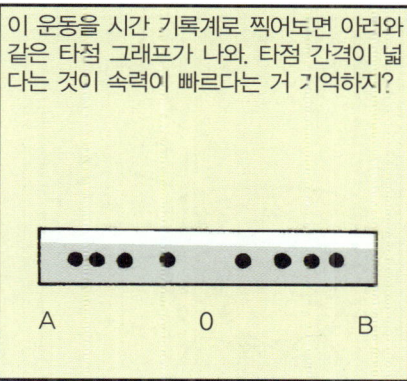
이 운동을 시간 기록계로 찍어보면 아래와 같은 타점 그래프가 나와. 타점 간격이 넓다는 것이 속력이 빠르다는 거 기억하지?

따라서 매 순간 **속력은 다르고**

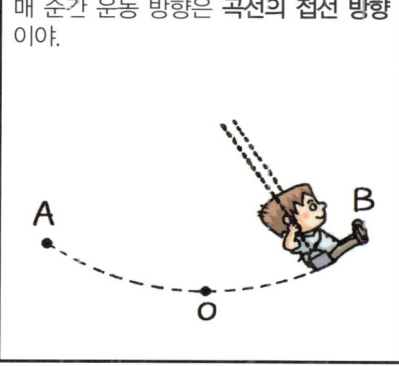
매 순간 운동 방향은 **곡선의 접선 방향**이야.

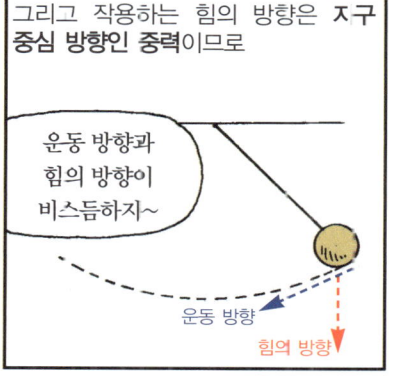
그리고 작용하는 힘의 방향은 **지구 중심 방향인 중력**이므로 "운동 방향과 힘의 방향이 비스듬하지~"

5. 속력과 방향이 동시에 변하는 운동

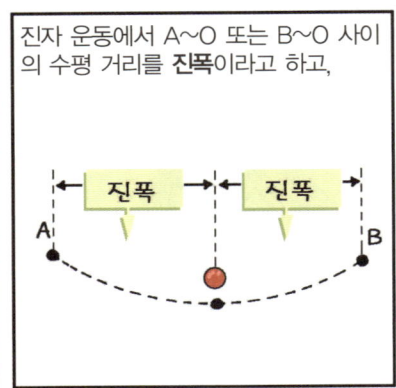
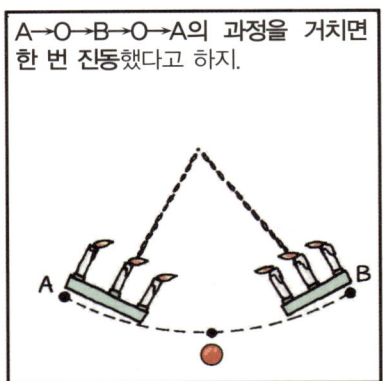

※진자의 길이가 4배면 주기는 2배, 9배면 3배 ...(이런 식으로 주기가 커진다.)

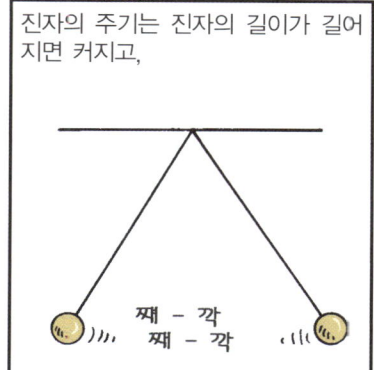
진자의 주기는 진자의 길이가 길어지면 커지고,

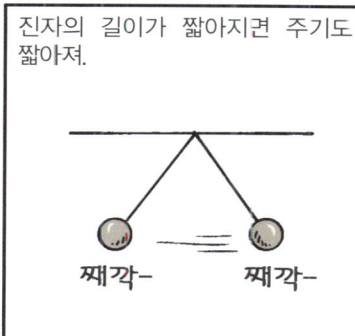
진자의 길이가 짧아지면 주기도 짧아져.

그런데 만약 진자의 길이는 변화 없이 그대로 두고, 줄의 길이를 똑같이 맞추라고?

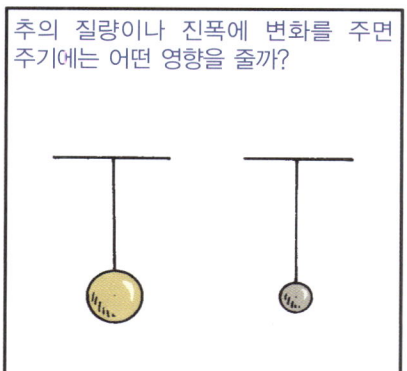
추의 질량이나 진폭에 변화를 주면 주기에는 어떤 영향을 줄까?

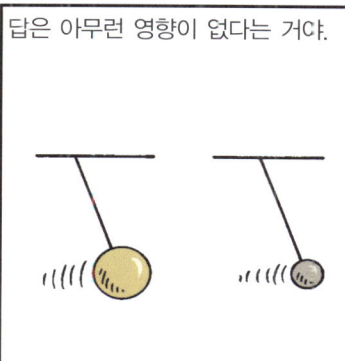
답은 아무런 영향이 없다는 거야.

이것을 **진자의 등시성**이라고 해.
외워~ 중요한 거야 -
진자의 등시성~!!

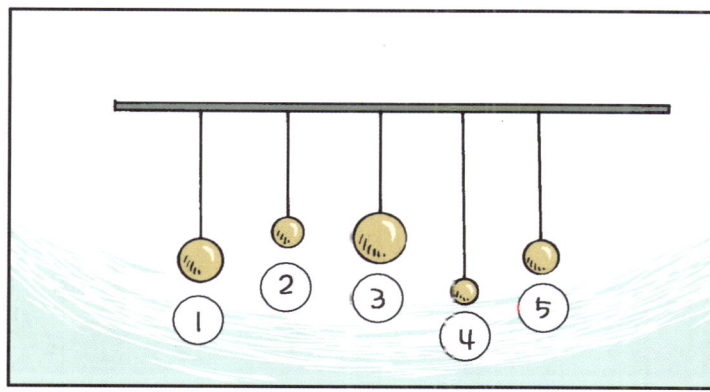

옆의 그림에서 주기가 제일 긴 것은 무엇일까?
헉 - 어... 어렵다..
답은 4번이야.

추의 질량은 볼 것도 없고 진자의 길이만 보면 돼.
아... 4번이 제일 길구나~

이 진자의 등시성은 갈릴레이가 성당 천장에 있는 촛대의 흔들림을 보고 알아냈대.
아싸~!!

기도는 안 하고 천장만 봤대?
갈릴레오도 너무큼 엉뚱했던 모양이지. 호호호.

2) 수평으로 던진 물체의 운동

그림과 같은 방법으로 자를 화살표 방향으로 갑자기 치면 동전은 각각 어떻게 될까?

동전 A는 바로 떨어지고

동전 B는 수평 방향으로 떨어질 거야.

A는 동전의 정지 관성에 의해서 **자유 낙하 운동**을 하므로 속력만 변하는 운동을 하고

B의 경우엔 수평 방향으로 등속 운동이 추가되어 포물선 운동을 하게 되지.

포물선 운동을 수평 성분과 수직 성분으로 나누어 생각해 보면, 다음 그림과 같아.

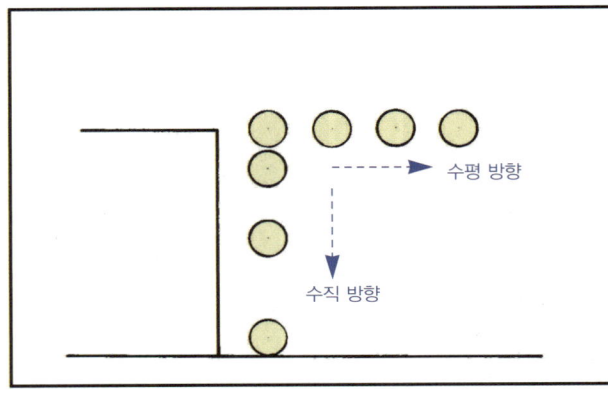

즉, 수평 성분은 속력이 일정한 등속 운동, 수직 성분은 일정하게 속력이 빨라지는 등가속 운동을 하게 돼.

수평 성분과 수직 성분을 따로 물어볼 때는 이렇게 답하면 되는 거야.

전체적인 것을 물으면?

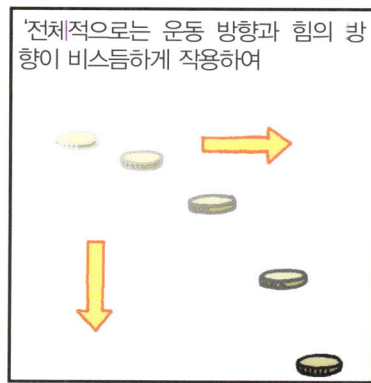

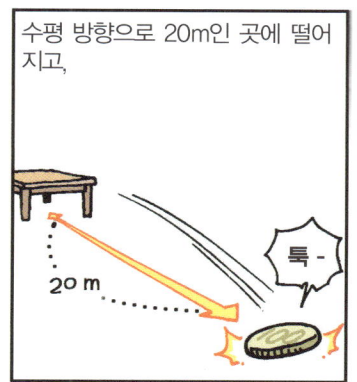

3) 비스듬히 던진 물체의 운동

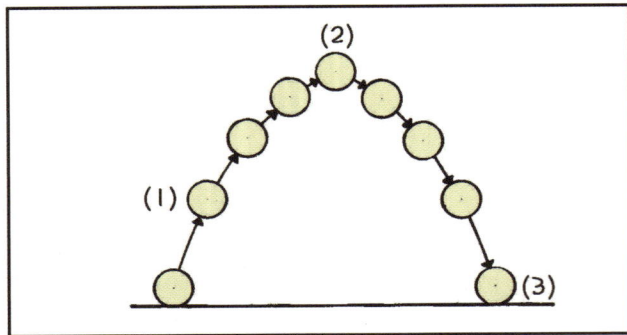

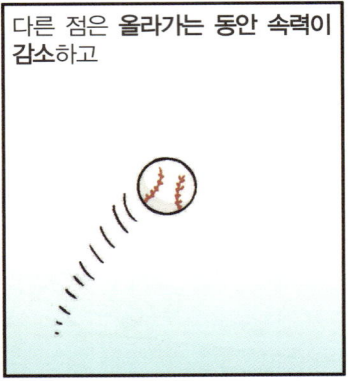
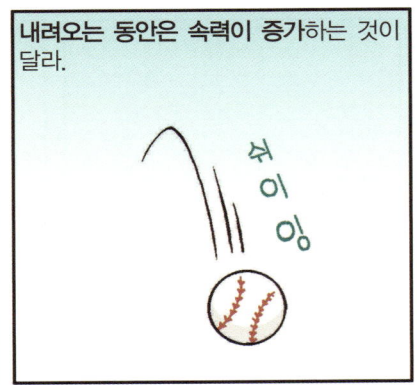

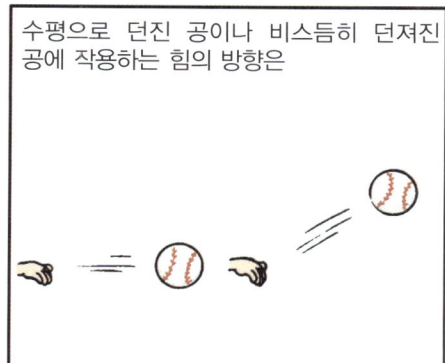

4) 가속도 (심화)

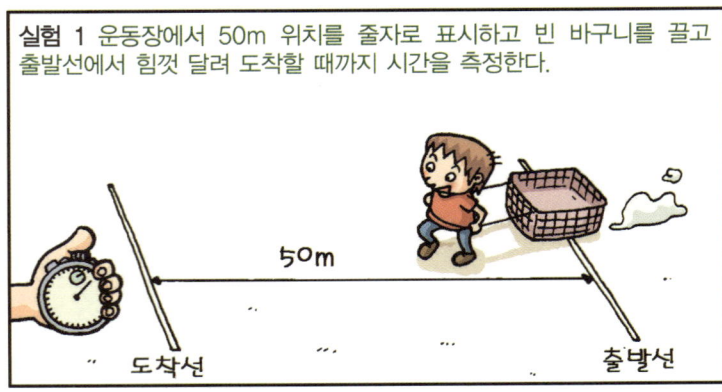

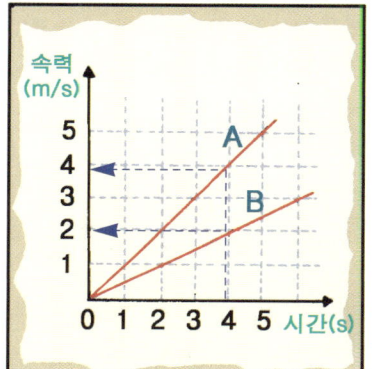

5) 작용, 반작용의 법칙(심화)

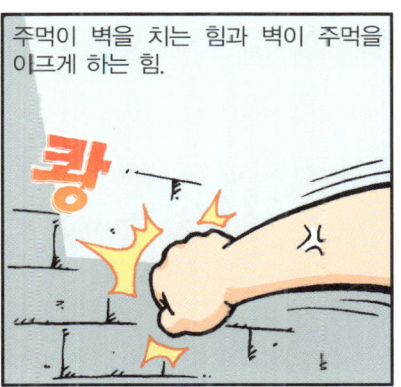

05 속력과 방향이 동시에 변하는 운동

- 단진자 운동
- 포물선 운동
- 가속도
- 작용 – 반작용

1) 단진자 운동

진자의 운동	실에 매단 추가 같은 경로를 따라 주기적으로 왕복하는 운동.
예	그네, 바이킹, 시계추
속력과 운동 방향	 진동의 중심(O)에 가까울수록 속력이 빠르다. – O점에서 최대 A, B점에서 0이다. 운동 방향은 이동 경로의 접선 방향으로 매순간 변함. 작용하는 힘의 방향과 운동 방향이 나란하지도 수직이지도 않다.
진폭, 주기와 진동수	진폭 : A~O 또는 B~O 사이의 수평 거리를 진폭이라 한다. 주기와 진동수 : 가령 A → O → B → O → A의 과정을 거치면 한 번 진동했다고 하고, 이 때까지 걸린 시간을 주기라고 한다.
진자의 등시성	진자의 주기는 추의 질량이나 진폭에 관계없이 일정하다. 그러나 실의 길이가 길수록 주기는 커진다. 괘종 시계가 여름에 느려지고 겨울에 빨라지는 이유가 된다.

2) 포물선 운동

포물선 운동	수평 방향의 등속 운동과 연직 방향의 등가속 운동으로 분해할 수 있다.	
	수평으로 던진 물체	비스듬히 던진 물체
운동 경로		최고점에서의 속력이 0이 아니다.
속력	지표에 가까울수록 속력이 빠르다.	
운동 방향	이동 경로의 접선 방향으로 매순간 변한다.	
예	가령 수평 방향으로 처음 2m/s의 속력으로 던졌다면, 10초 후에 떨어진 위치는 수평 방향의 등속 운동을 생각하여 20m. 바닥에 닿기 직전의 속력은 수직 방향의 낙하 운동을 생각하면, 1초에 9.8m/s씩 빨라져 10초 후면 98m/s가 된다.	

3) 가속도

가속도	일정한 시간 동안 속력이 변화되는 정도.
	가속도 = $\dfrac{\text{힘(N)}}{\text{질량(kg)}}$ 힘에 비례하고 질량에 반비례한다. A의 가속도는 16/2=8로 1초에 8m/s씩 빨라진다. B의 가속도는 4/2=2로 1초에 2m/s씩 빨라진다. 두 물체의 질량이 10kg이면, A에 작용하는 알짜힘은 $8 = \dfrac{\text{힘}}{10}$ 에서 80N B에 작용하는 알짜힘은 $2 = \dfrac{\text{힘}}{10}$ 에서 20N 힘이 40N으로 같다면, A의 질량은 $8 = \dfrac{40}{\text{질량}}$ 에서 5kg, B의 질량은 $2 = \dfrac{40}{\text{질량}}$ 에서 20kg이다.
가속도의 법칙	같은 시간 동안 속력의 변화량은 힘의 크기가 크면 커지고, 질량이 작을수록 커진다.

4) 작용 - 반작용

작용-반작용	힘은 항상 크기가 같고 방향이 반대인 관계로 한 쌍이 존재한다.	
예	배에서 노를 저을 때 노가 물을 미는 힘과 물이 노를 미는 힘의 관계. 제트기에서 제트기가 공기를 미는 힘과 공기가 제트기를 미는 힘의 관계. 대포를 쏠 때 포신이 뒤로 밀리는 현상 등으로 설명할 수 있다.	
	같은 점	다른 점
힘의 평형과의 비교	크기가 같고 방향이 반대이다.	평형 관계의 두 힘은 작용점이 한 물체에 있어 합성하여 합력을 구할 수 있지만 작용 – 반작용 관계의 두 힘은 작용점이 서로 상대방에게 있어 합성할 수 없다.

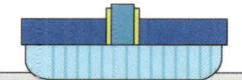

이 단원에서 배울 내용

개정 교육 과정

초 6 | 빛
중 2 | **빛과 파동**

7차 교육 과정

초 5 | 거울과 렌즈
중 1 | 빛
고 1 | 힘과 에너지

카툰과학 물리·상

III. 빛

1. 빛의 성질

    (1) 빛의 직진성
    (2) 빛의 반사
    (3) 빛의 굴절
    (4) 전반사

2. 빛의 색

    (1) 빛의 분산
    (2) 빛의 합성
    (3) 물체의 색

Ⅲ. 빛

단원 들어가기

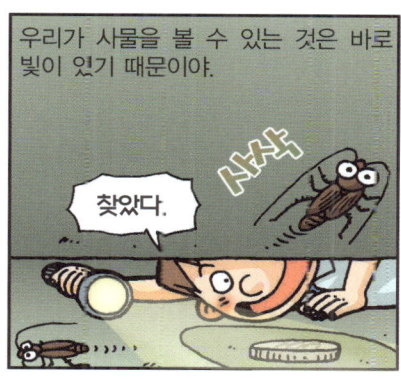

1. 빛의 성질

1) 빛의 직진성

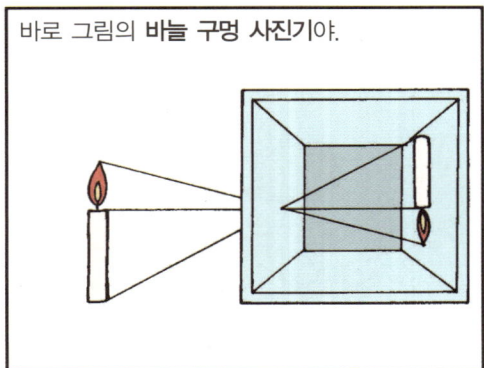

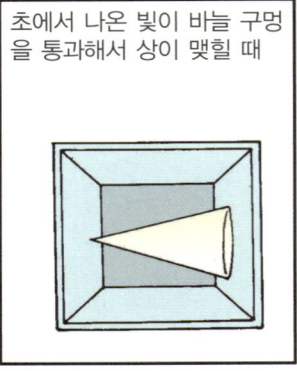

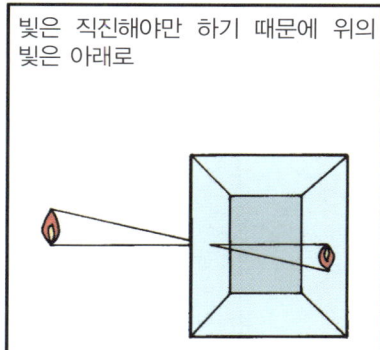
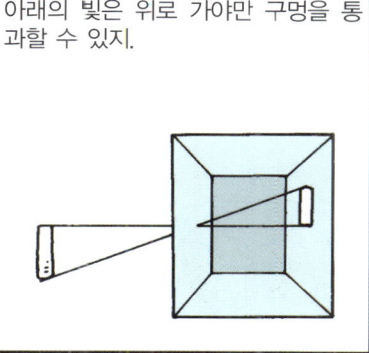
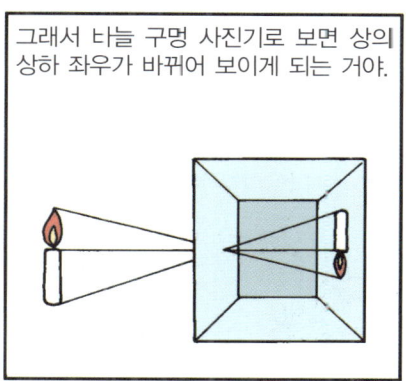

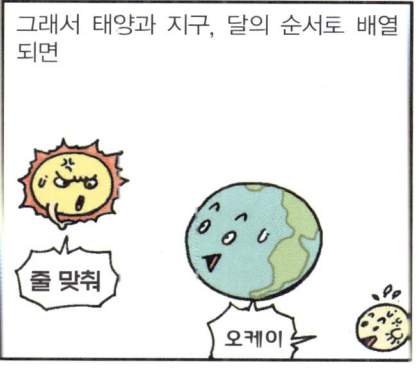

* 빛의 직진성으로 월식과 일식 현상과 같은 그림자, 그리고 바늘 구멍 사진기에서 상이 바뀌어 보이는 현상 등이 생기는 거죠!

2) 빛의 반사

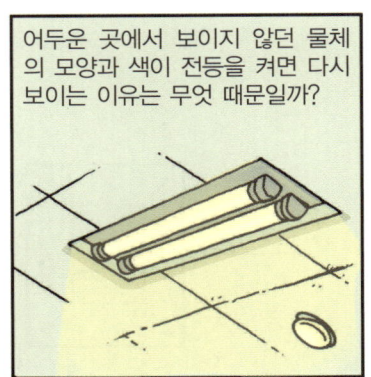

실험 2 그림처럼 모눈종이 끝에 거울을 직각으로 세우고, 거울과 직각이 되도록 모눈종이에 직선을 긋는다.

실험 3 거울과 그은 직선에 일치하게 빛을 비춘다.

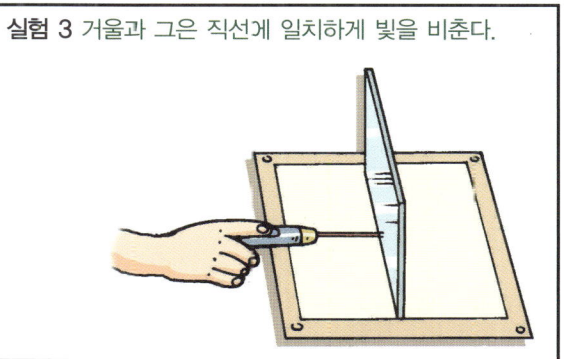

실험 4 거울을 돌려서 입사각을 30도로 맞추고, 반사각의 크기를 잰다.
실험 5 거울을 더 돌려서 입사각을 50도로 맞추고, 반사각의 크기를 잰다.
실험 6 거울을 더 돌려서 입사각을 30도로 맞추고, 반사각의 크기를 잰다.

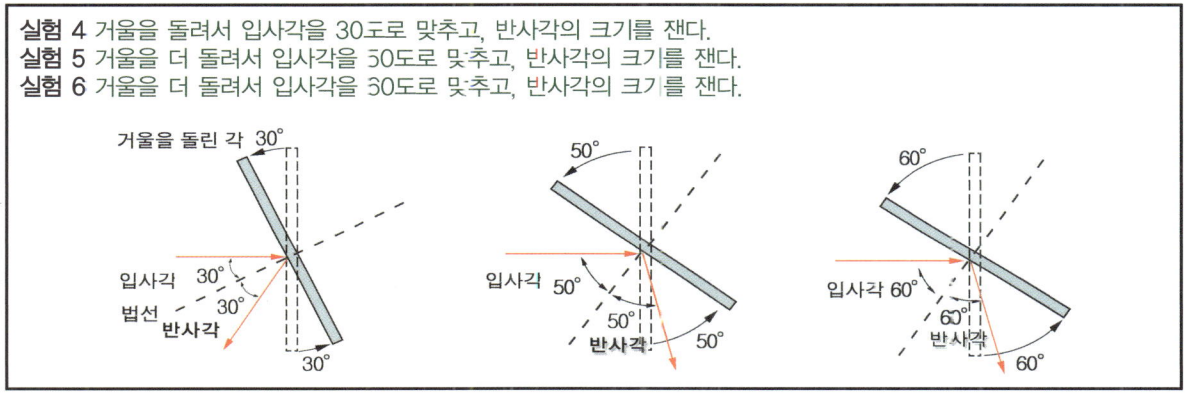

실험에서 거울과 직각이 되도록 그은 선을 **법선**이라 하고,
법선을 기준으로 들어오는 빛의 각을 **입사각**, 반사되는 빛의 각을 **반사각**이라고 하지.

입사각(°)	30	50	60
반사각(°)	30	50	60

위의 표는 이 실험의 결과인데

잘 봐봐~ 어떤 특징이 보이지?

음~ 찾아보자.

입사각과 반사각이 항상 같아.

오오~

그러고보니.

이것을 '반사의 법칙'이라고 해.

반사-

콰당

입사각만큼 밀린다는 거지?

1. 빛의 성질

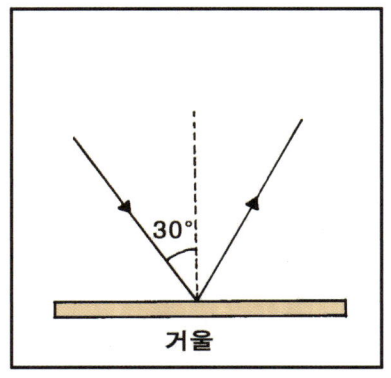

* 모든 각은 법선을 기준으로 정해진다고 기억하세요!

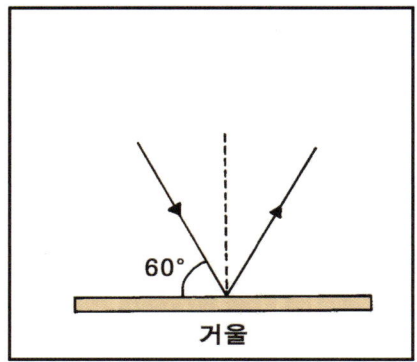

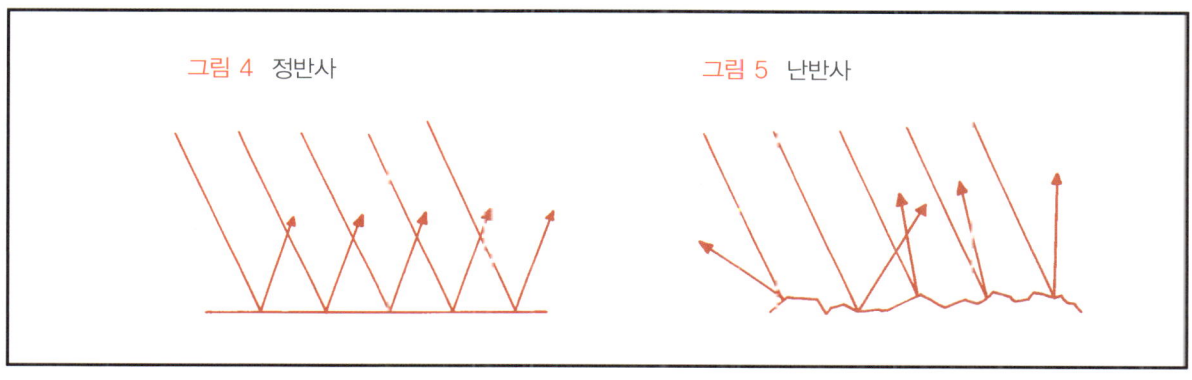

〈준비물〉 유리컵, 물, 검은색 도화지, 손전등, 오목 거울, 볼록 거울

실험 1 유리컵에 물을 2/3 정도 부은 다음 폭 5cm, 높이 4cm 정도 구멍이 뚫린 검은색 도화지를 준비한다.

실험 2 손전등 앞에 물을 넣은 유리컵을 놓고 그 주위에 검은색 도화지의 구멍 뚫린 부분이 손전등 반대편에 오도록 한 다음 유리컵과 손전등 주위를 검은색 도화지로 감싼다.

실험 3 손전등을 켰을 때 검은색 도화지의 구멍 뚫린 부분으로 나온 빛이 오목 거울이나 볼록 거울에 닿아 어떻게 나아가는지 관찰한다.

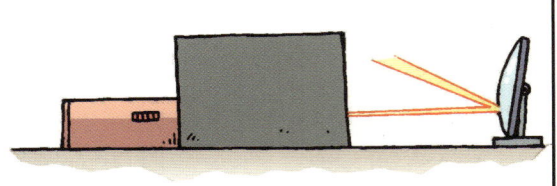

실험 결과를 보면 **오목 거울**에 비친 빛은 반사되어 **한 점으로 모이고**

볼록 거울에 비친 빛은 반사되어 퍼져 나가는 것을 볼 수 있어.

즉, **오목 거울**은 빛을 한 점으로 모으고, **볼록 거울**은 빛을 퍼지게 하지.

실제로 작은 평면 거울을 오목하게 배치해서

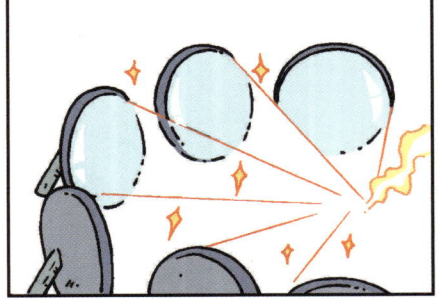

오목 거울처럼 만들어 적군의 배들을 불태운 이야기가 있어.

과학을 알면 퓨전 소설에서와 같이 과거로 가서 제갈공명과 같은 뛰어난 전략가로 대접받을 수도 있을 거야.

그러고 싶지만... 내가 배운건 이미 과거에 다 써먹은걸.

그니까 더 열심히 해!

그리고 거울에 생긴 상을 관찰해 보면, 다음과 같이 정리 할 수 있어.

구분	오목 거울	볼록 거울
가까이 있는 물체를 비출 때	바로 선 모양으로 크게 확대되어 보임	바로 선 모양으로 작게 보임
멀리 있는 물체를 비출 때	거꾸로 선 모양으로 작게 보임	

이렇게 구면 거울에서 반사되는 성질과 맺히는 상의 차이를 이용해서 여러 가지 용도로 사용 되는데 간단히 정리하면.

구분	쓰이는 곳	쓰임새
오목 거울	면도용, 화장용 거울	얼굴 모습을 확대하여 자세히 보여줌
	손전등, 현미경의 반사경	빛을 모아주므로 더 밝게 볼 수 있음
볼록 거울	매장의 도난 방지용 거울	시야가 넓어져 매장 전체를 볼 수 있음
	커브가 심한 도로의 안전 거울	넓은 범위를 보여주므로 반대편에서 오는 차량을 쉽게 알아볼 수 있음
	자동차의 측면 거울	자동차의 뒤쪽을 넓게 보아서 안전 운전을 할 수 있음

즉, 오목 거울은 가까이 있는 크기가 작은 물체를 크게 확대하여 보여주고

볼록 거울은 넓은 범위를 관찰하는 데 사용되지.

이렇듯 빛의 반사를 이용한 거울은 우리 주변에 여러 가지 다른 목적으로 사용되어 생활을 편리하게 해주고 있어.

3) 빛의 굴절

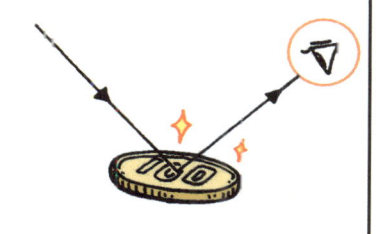

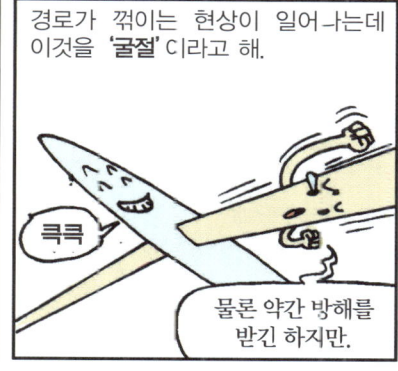
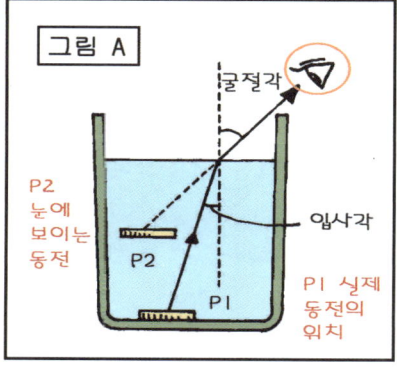

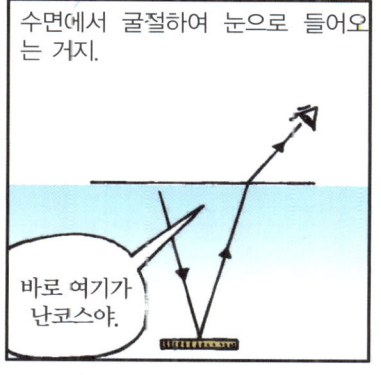

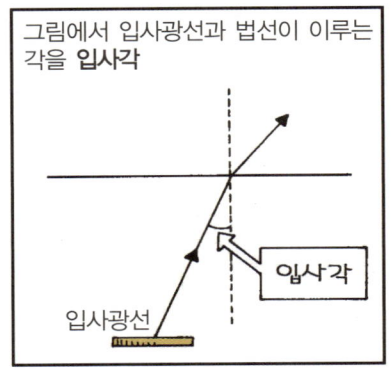
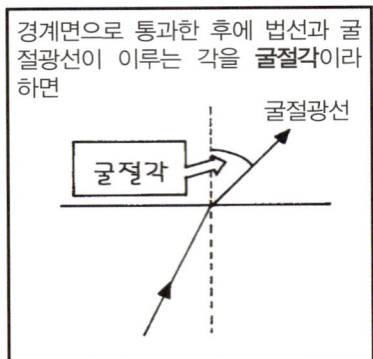

그럼 실제로 빛이 어떤 경로로 꺾이는지 실험으로 확인해 보자.

실험 1 그림처럼 투명한 수조에 평면 거울을 놓고 물을 반쯤 채운 후에 우유를 조금 넣는다.

실험 2 향을 피워 연기를 수면 위쪽의 공간에 넣어주고 얇은 유리 판을 덮는다.

실험 3 그림처럼 수조 속의 거울에 레이저를 비스듬히 비춰 반사되도록 한다.

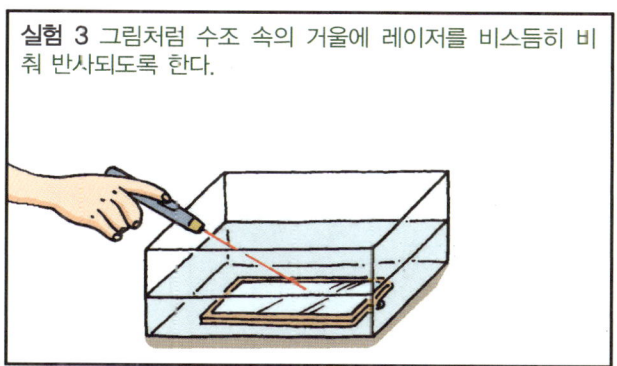

결과를 살펴 보면

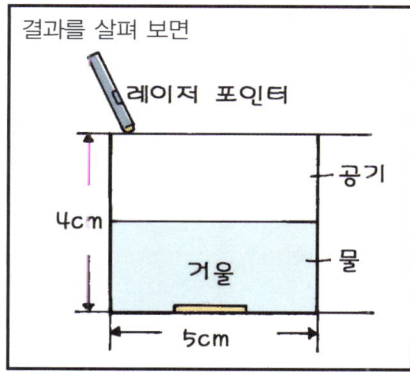

다음과 같이 빛이 꺾이는 것을 관찰할 수 있는데

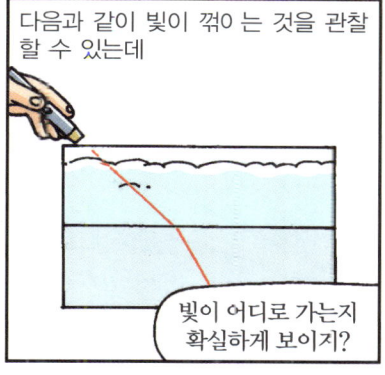

처음에 수면으로 들어가기 전에 법선과 빛의 경로의 각인 입사각과

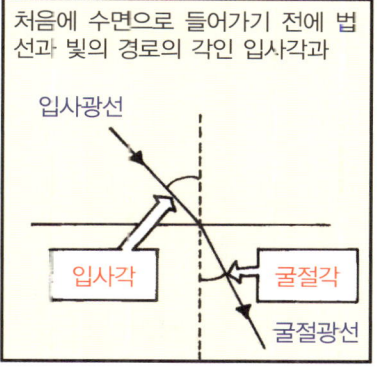

수면에서 물로 들어갈 때의 각인 굴절각을 비교하면

반대로 동전에서 반사되어 나갈 때에는

동전에서 수면까지의 빛을 입사, 그리고 꺾이는 곳을 굴절이라고 하는데

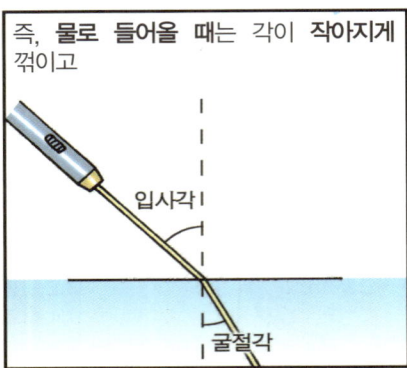
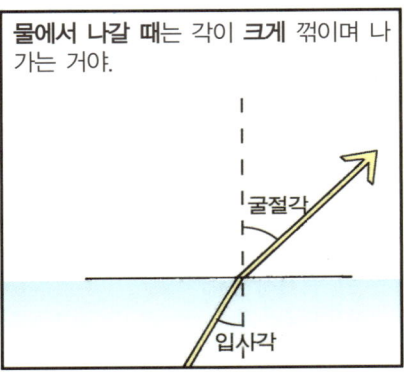

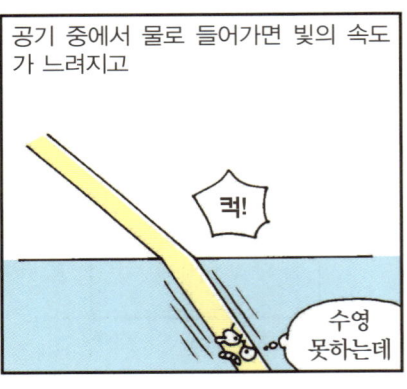

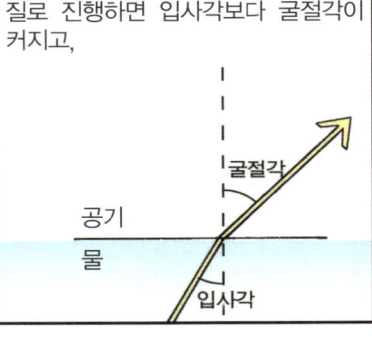
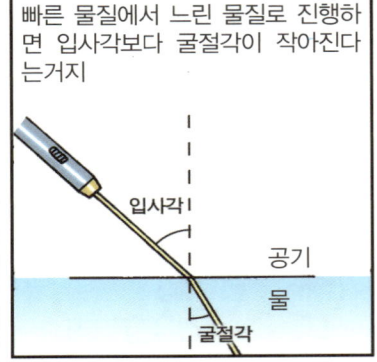

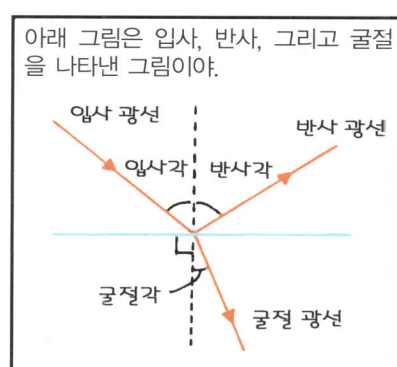
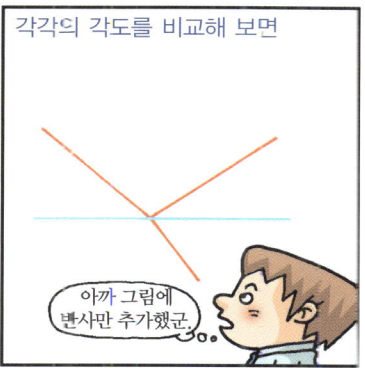

*구면 거울과 비교하면서 다시 읽어 보세요!

구분	볼록 렌즈	오목 렌즈
가까이 있는 물체를 볼 때	바로 선 모양으로 크게 확대되어 보임	바로 선 모양으로 작게 보임
멀리 있는 물체를 볼 때	거꾸로 선 모양으로 작게 보임	

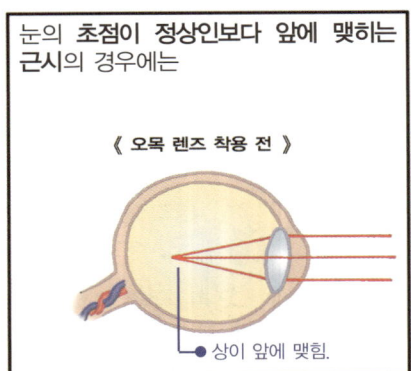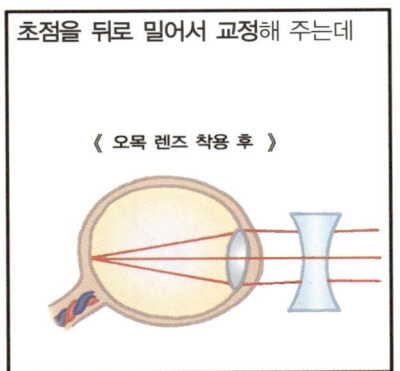

* '근시'는 '가까울 근'을 생각하여 초점이 너무 앞에 맺혀, 가까운 곳은 잘 보이는데 먼 곳은 잘 보이지 않는다고 기억하세요. (원시는 반대로)

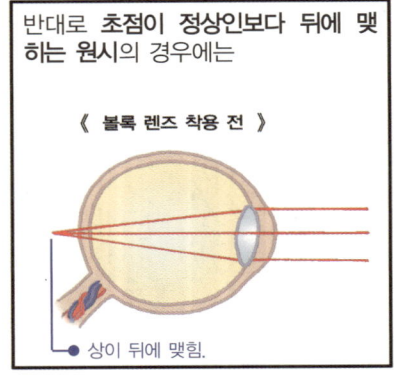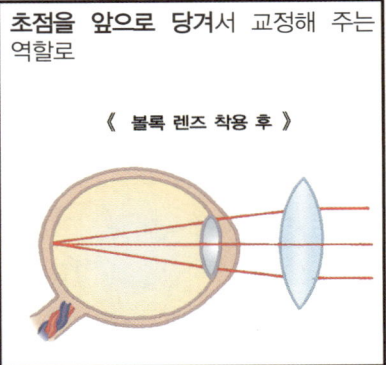

또, 볼록 렌즈는 상을 확대하는 망원경이나 광학 현미경에도 쓰이고 있어. 	이런 효과를 내는 물체를 우리 주변에서 살펴 보면, 물방울에 사둘이 크게 보이는 것과 	토큰에 물을 블록하게 넣는 경우에 상이 커지는 것은 **볼록 렌즈**의 효과와 같은 것이고
반대로 우리컵의 바닥쪽 글씨를 볼 때 글씨가 작게 보이는 현상은 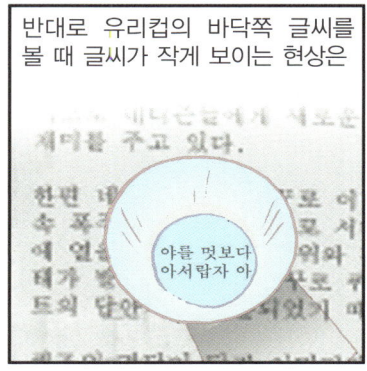	**오목 렌즈**와 같은 효과로 유리컵 바닥의 가운데가 오목하기 때문에 생기지. 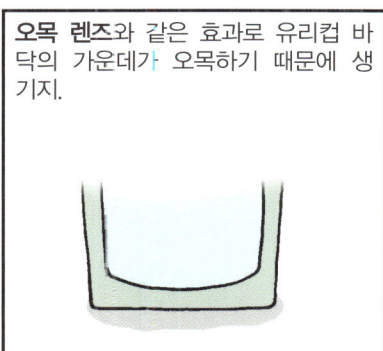	이 밖에도 보이는게 다~가 아니란 거지. 치워~
여름에 뜨거운 아스팔트 위의 공기가 흔들려 보이는 아지랑이 현상이나 	뜨거운 사막에서 심한 온도 차이로 빛의 속도가 달라져 생기는 	신기루 현상 등이 빛의 굴절로 인해 생기는 예들이야. 일부러 속이는건 아냐~

4) 전반사

이제 빛의 성질 중 마지막으로 광통신이나 쌍안경에 이용되는 **전반사**를 알아보자.

정반사? 그건 앞에서 배운 거고... 이건 전반사!

전반사는 빛이 어떤 다른 물질로 진행하다가 **100% 반사**만 하고

굴절은 하나도 하지 않는 경우를 말하는 거야.

1. 빛의 성질 _45

이 전반사는 **밀한 매질**(빽빽한 매질)에서 **소한 매질**로 진행할 때 일어나기 때문에

헉~ 아픈 기억이...

매질이라면

빛의 경우, 빛의 속도가 **느린 곳**에서 **빠른 곳**으로 갈 때만 일어나지.

이제 알겠어?

진작에 그렇게 말하지..

공기에서 물로 들어갈 때와 물에서 공기로 진행할 때의 그림을 보며 설명할게.

호호~

그림을 보면 더 쉽게 이해할 거야.

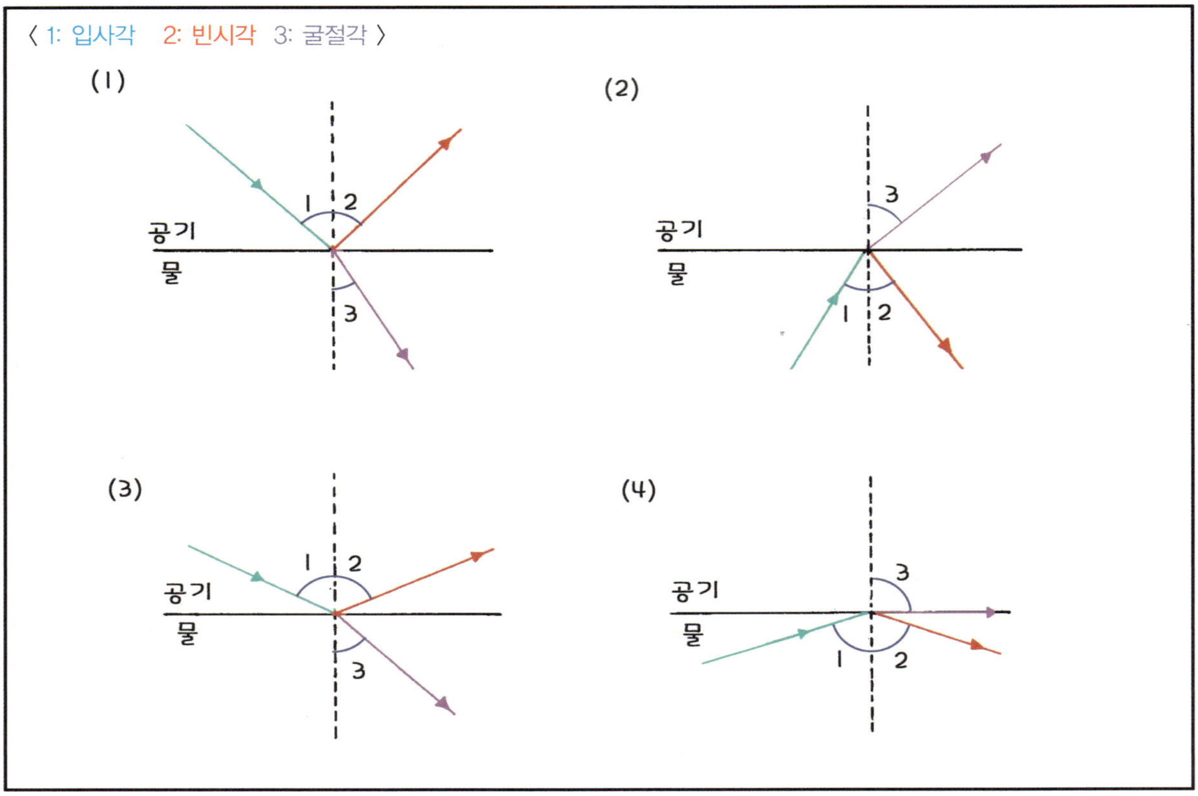

〈 1: 입사각   2: 반사각   3: 굴절각 〉

(1)

공기
물

(2)

공기
물

(3)

공기
물

(4)

공기
물

(1)의 그림과 (3)의 그림을 보면

보면?

후~

입사각과 반사각은 반사의 법칙에 의해 각도가 같고

또 다시 나오는 반사의 법칙.

외운거 아니까 이제 그만해~

후다닥

굴절각은 커지긴 하지만 빠른 곳(공기)에서 느린 곳(물)으로 진행하므로

굴절각이 입사각보다 작겠지?

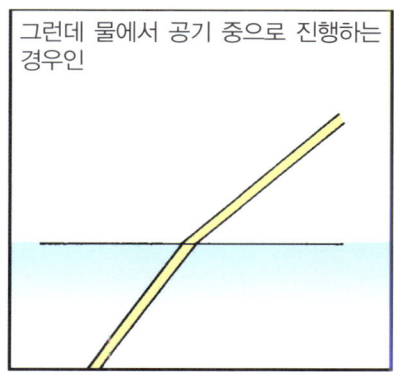

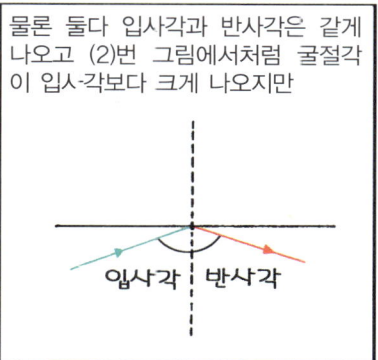

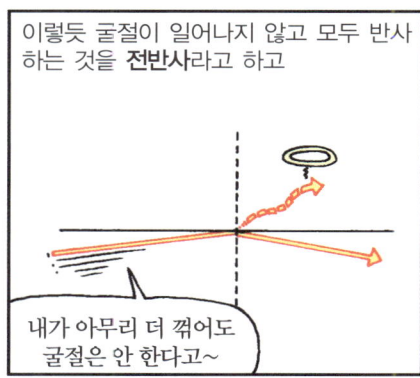
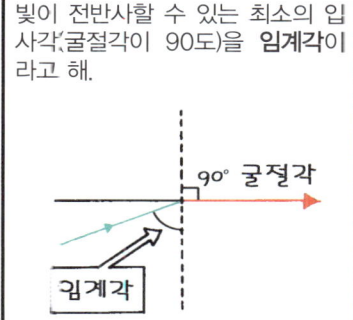

01 빛의 성질

- 빛의 직진성
- 빛의 반사
- 빛의 굴절

1) 빛의 직진성

빛의 직진성	빛이 휘어지지 않고 똑바로 나아가는 현상	그림자가 생김(일식, 월식) 문틈으로 들어오는 햇빛 바늘 구멍 사진기의 상이 상하 좌우가 바뀌어 맺힘

2) 빛의 반사

광원	스스로 빛을 내는 물체	태양, 전등, 촛불
빛의 반사	광원에서 나온 빛이 물체의 표면에 부딪혀 튕겨 나오는 현상	물체의 모양이나 색을 구별 정반사(거울)와 난반사(일반 물체)
정반사	거울이나 **잔잔한 수면**처럼 표면이 매끄러운 표면에서 일어나는 반사	물체를 비추어 볼 수 있다. 거울(평면 거울, 구면 거울) 잔잔한 호수 표면
난반사	표면이 매끄럽지 못한 일반 물체에서 일어나는 반사	물체를 어느 방향에서나 볼 수 있다. 일반적인 불투명한 물체 바람이 불어 출렁거리는 호수 표면
	거울 (가) 정반사	(나) 난반사 — 확대한 종이의 단면
반사의 법칙	빛이 물체에서 반사할 때 **입사각과 반사각의 크기는 항상 같다.** (난반사 정반사 모두에 적용)	입사각 반사각 / 경계면에서의 반사
구면 거울	**오목 거울** 중심쪽이 오목한 거울 상을 확대한다.(가까이 있을 때) 빛의 모아서 더 밝게 하고 멀리 보낸다. 숟가락 안쪽, 화장용 거울, 자동차 전조등, 성화의 채화 현미경의 반사경, 등대의 반사경	**볼록 거울** 중심쪽이 볼록한 거울 상을 작게 축소하여 시야가 넓다. 빛을 퍼지게 한다. 숟가락 바깥쪽, 매장의 도난 방지용 거울 커브가 심한 도로의 거울 자동차의 측면경

3) 빛의 굴절

빛의 굴절	빛이 진행하다가 다른 물질로 들어갈 때 두 물질의 경계면에서 빛의 진행 방향이 바뀌는 현상	렌즈의 원리 물속에 있는 물체가 크게 떠 보인다. 물체가 수면에서 꺾여 보인다. 봄철의 아지랑이나 신기루 현상
입사각과 굴절각의 크기	빠른 곳에선 각이 크고 느린 곳에선 각이 작다.	빛은 통과하는 물질이 소할수록 빠르다. 즉, 공기 중에서가 물속보다 빠르다.
	공기에서 물로 입사 (입사각 > 굴절각) 빛이 느려지면 경계면에서 먼 쪽으로 굴절	물에서 공기로 입사 (입사각 < 굴절각) 빛이 빨라지면 경계면에 가까운 쪽으로 굴절
볼록 렌즈	중심이 두꺼운 볼록한 렌즈 빛이 모인다.	초점을 당겨 원시를 교정한다.
오목 렌즈	중심이 얇은 오목한 렌즈 빛이 퍼진다.	초점을 밀어 근시를 교정한다.
전반사	빛의 속력이 느린 물질에서 속력이 빠른 물질로 진행할 때 굴절은 못하고 반사만 일어나는 현상. 광통신, 프리즘, 쌍안경 등에 이용된다.	

2. 빛의 색

1) 빛의 분산

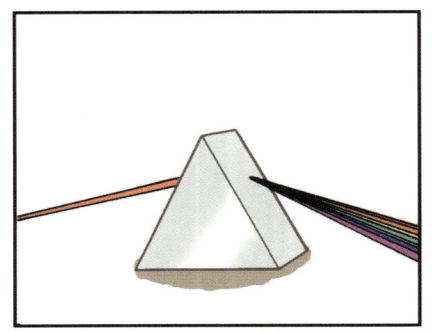

비온 뒤 하늘에 아름답게 떠 있는 무지개는 빛이 만들어낸 작품이야.

이번 단원에서는 빛이 여러 가지 색으로 나누어지는 현상인 빛의 분산을 알아보자.

빛의 분산?

태양에서 오는 빛은 여러 가지 색의 빛이 섞여 있어 흰색으로 보이는 '백색광'이라고 해. 그런데 이 백색광이 여러 가지 색으로 다시 나누어지면

무지개 처럼 보이게 되지. 그렇다면 어떻게 무지개는 만들어 질까?

그러게. 어떻게 백색광이 화려한 무지개를 만들까?

〈준비물〉 프리즘, 환등기, 볼록 렌즈, 스크린, 틈을 만든 검은 도화지

실험 1 환등기, 볼록 렌즈, 틈을 만든 검은 도화지를 놓고 환등기와 렌즈 사이의 거리를 조절하여 틈으로 나온 빛이 평행하게 나가도록 조절한다.

실험 2 이 빛을 프리즘에 통과시킨다.
실험 3 통과된 빛을 관찰한다.

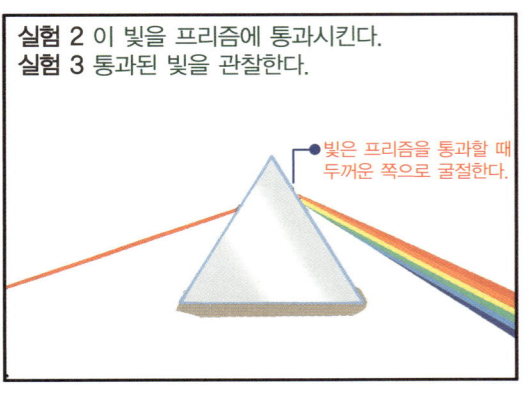

• 볼록 렌즈 : 빛을 모아줌

• 빛은 프리즘을 통과할 때 두꺼운 쪽으로 굴절한다.

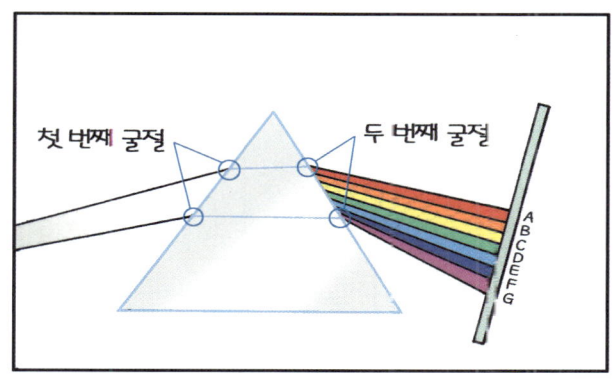

실험 결과를 보면 왼쪽 그림과 같이 나오는데 일단 백색광이 프리즘을 통과하면서 **두 번의 굴절**이 일어나고

두 번?

프리즘에 들어갈 때 한번, 나올 때 한번.

나왔을 때는 무지개 색으로 보이지.

신기하네~

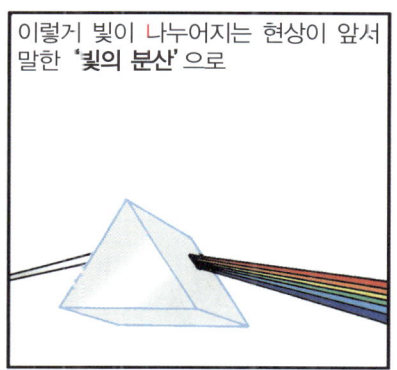

이렇게 빛이 나누어지는 현상이 앞서 말한 '**빛의 분산**'으로

빛의 색깔에 따라(또는 파장에 따라) **굴절하는 정도가 다르기 때문에** 생기는 현상이야.

각각의 색깔이 꺾이는 각도가 다르다는 말이야?

맞아

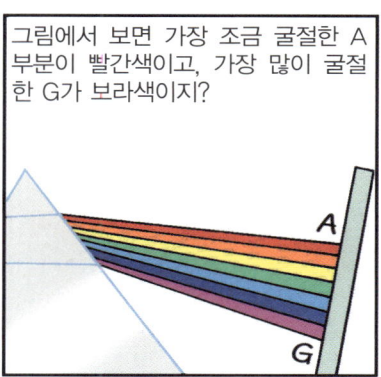

그림에서 보면 가장 조금 굴절한 A 부분이 빨간색이고, 가장 많이 굴절한 G가 보라색이지?

즉, 'ABCDEFG'는 '빨주노초파남보'로 그 순서대로 굴절각이 커진다는 것을 알 수 있지.

그리고 이 실험을 통해서 환등기나 태양과 같이 색깔이 없는 백색광은 여러 가지 색이 혼합되어 있다는 것을 알 수 있어.

알고 보면 숨어 있는 색이 많다고~

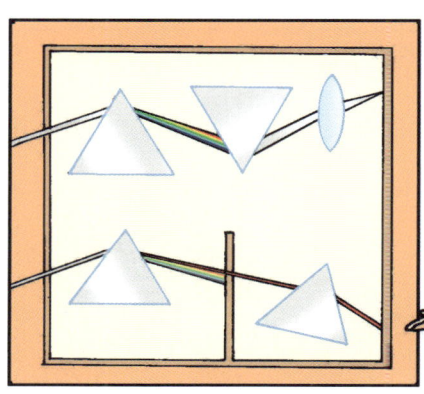

왼쪽의 그림은 뉴턴의 실험 노트인데 이 그림으로 분산과 합성을 좀 더 자세히 알아보자.

그림에 쓰인 프리즘과 볼록 렌즈를 잘 봐!

첫 번째 그림과 같이 작은 구멍을 통해서 들어오는 햇빛을 프리즘어 통과시켰더니 무지개가 나타났고

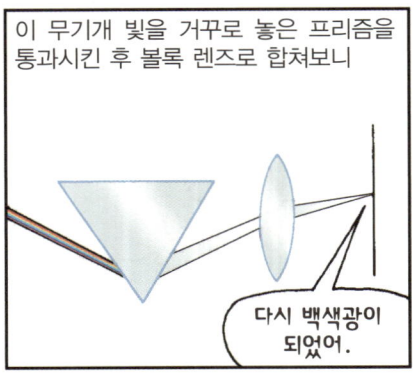

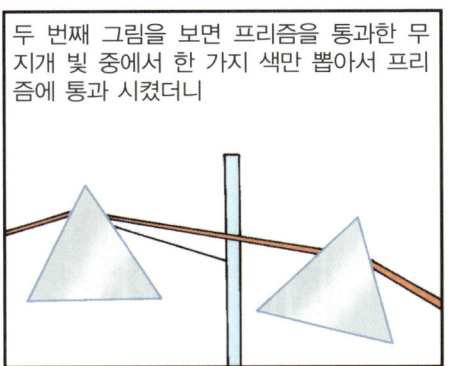

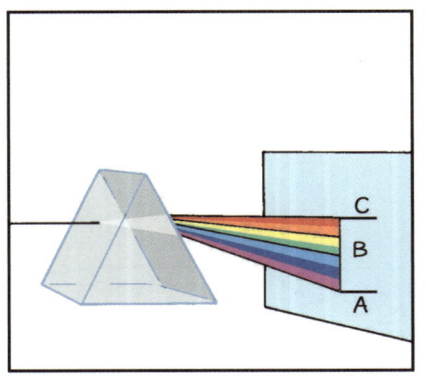

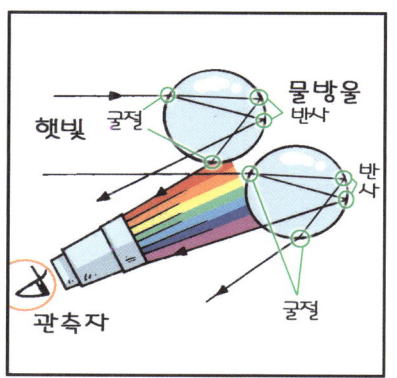

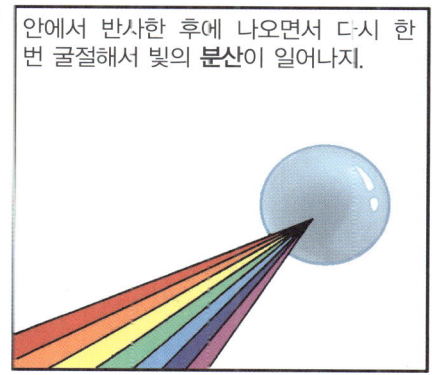

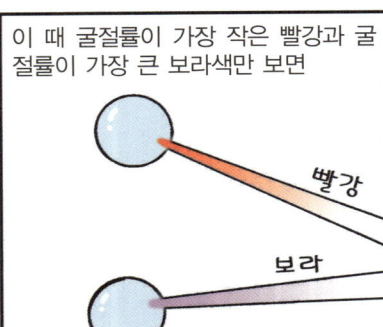
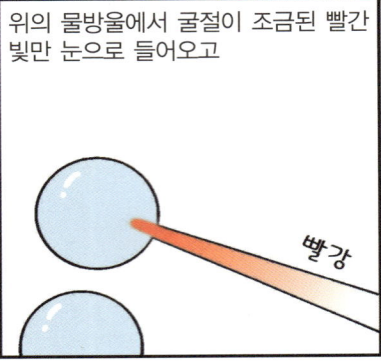
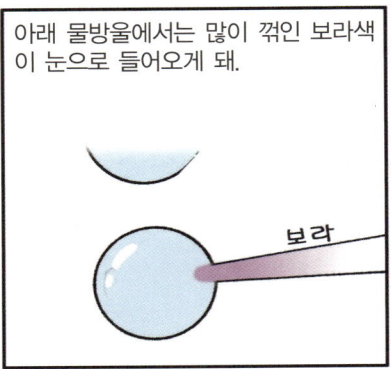
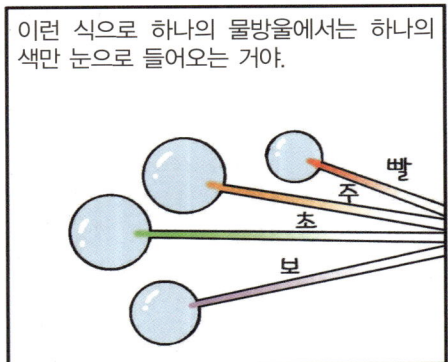

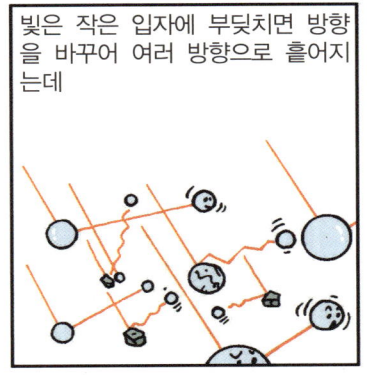
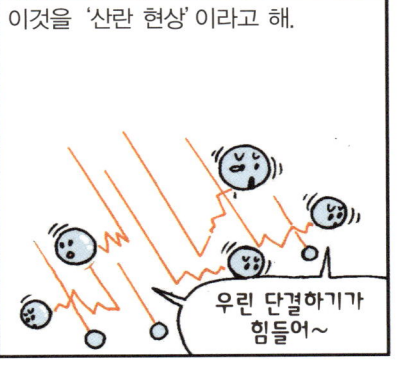
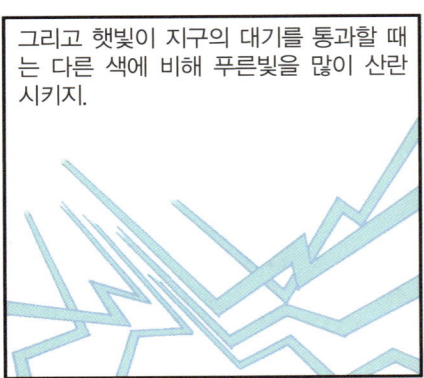

2) 빛의 합성

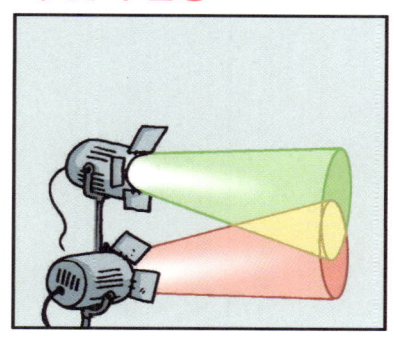

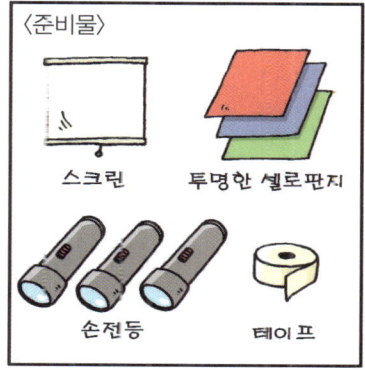

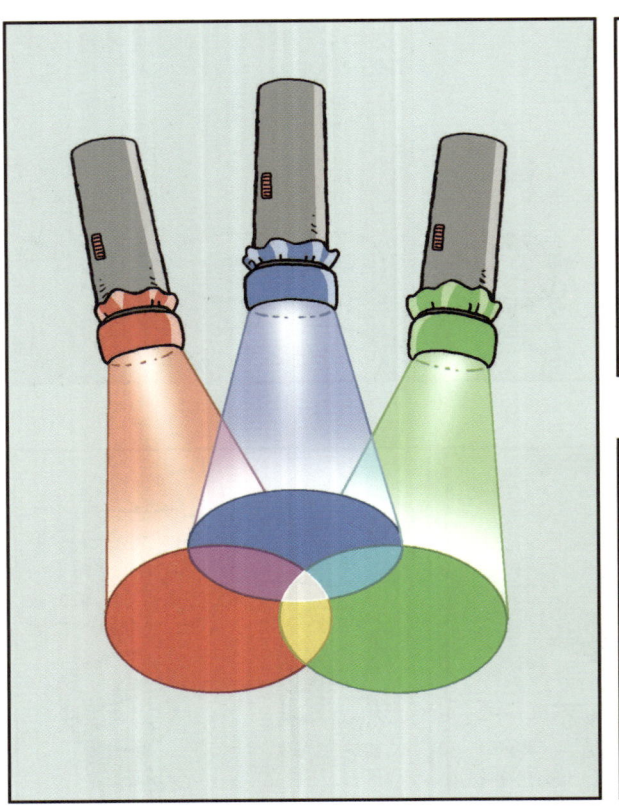

실험 1 손전등 3개에 각각 빨강, 파랑, 초록색의 투명한 셀로판지를 테이프로 한 장씩 덮어서 붙인다.

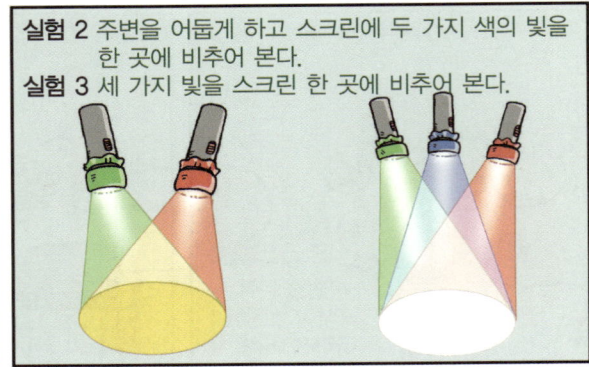

실험 2 주변을 어둡게 하고 스크린에 두 가지 색의 빛을 한 곳에 비추어 본다.
실험 3 세 가지 빛을 스크린 한 곳에 비추어 본다.

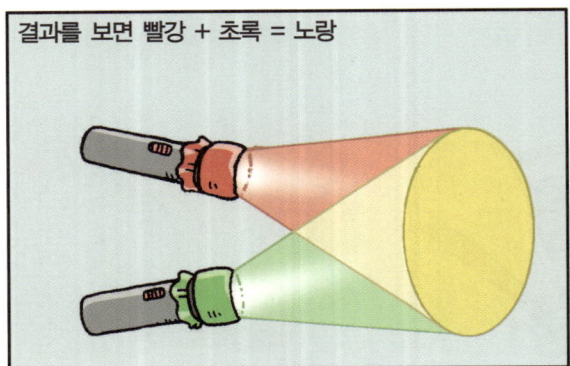

결과를 보면 빨강 + 초록 = 노랑

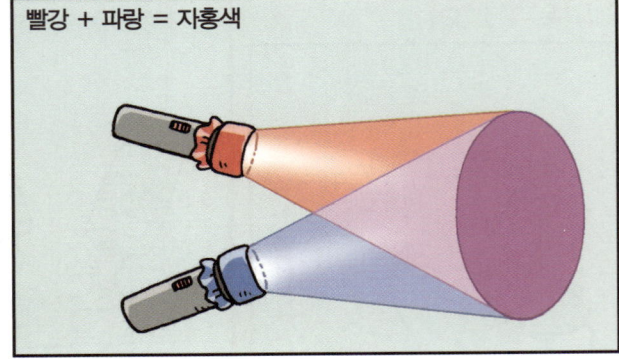

빨강 + 파랑 = 자홍색

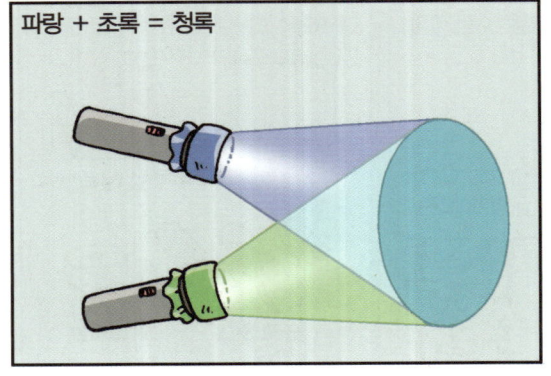

파랑 + 초록 = 청록

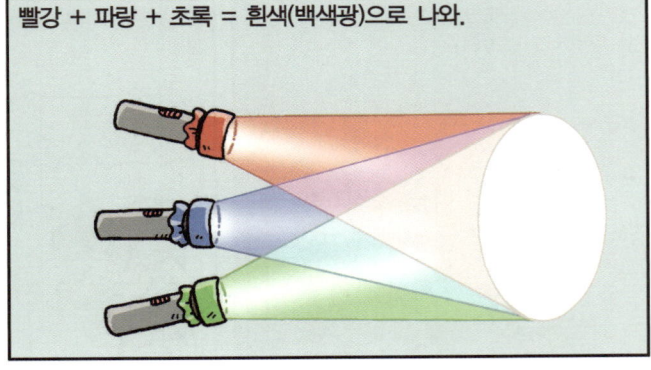

빨강 + 파랑 + 초록 = 흰색(백색광)으로 나와.

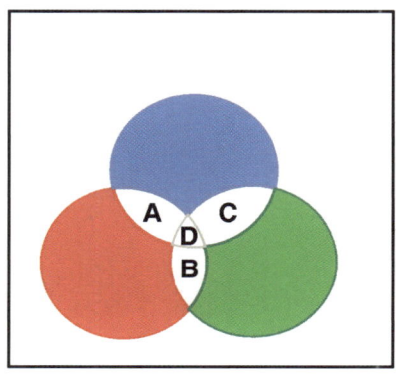

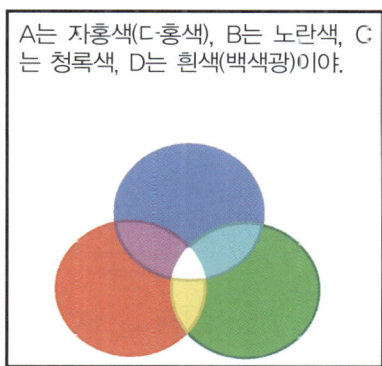

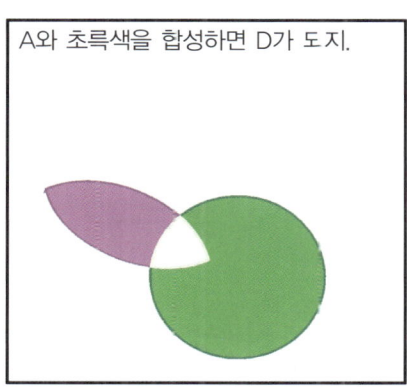

왼쪽 그림에서 A를 기준으로 위쪽과 아래쪽을 합쳐 3개의 그림자가 보이지?

다른 각도로 세 개의 전등을 비추니까 당연히 그림자도 3개지.

지금 하려는 말은 그게 아니야.

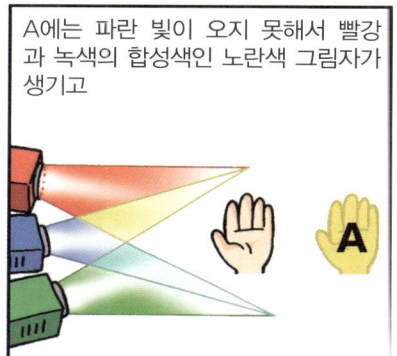

A에는 파란 빛이 오지 못해서 빨강과 녹색의 합성색인 노란색 그림자가 생기고

B는 녹색 빛만 오지 못해서 자홍색의 그른자가 생겨.

그럼 C는 무슨 색이지?

빨강만 오지 못하니 청록색 그림자가 생기지

내가 말하려던 참이야~

이 실험을 빛의 3원색의 순서를 다르게 배열해서 실험해 봐.

손전등하고 셀로판지 3개만 있으면 되니까.

이렇게 빛의 합성은 어려운 것 같으면서도 재미있어.

우리 주변에 흔히 있는 텔레비전의 브라운관이나 모니터에는

영상을 나타내는 최소의 단위 화소라는 것이 있어.

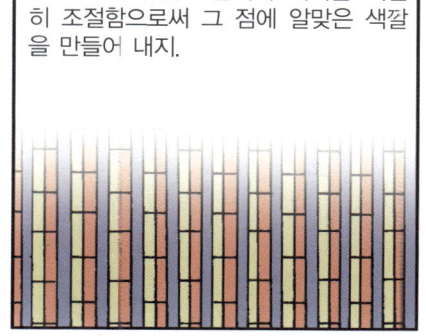

각 화소에 있는 3원색의 세기를 적절히 조절함으로써 그 점에 알맞은 색깔을 만들어 내지.

즉, 모든 색의 빛을 이용해서 색을 나타내는 것은 아니야.

3가지 색으로 우리 눈을 속인 거지.

따라서 화소가 많을수록 화질이 좋다고 하는 이유를 이제는 알겠지?

화소가 많을수록 비싸진다는 것도 알지.

꿍~

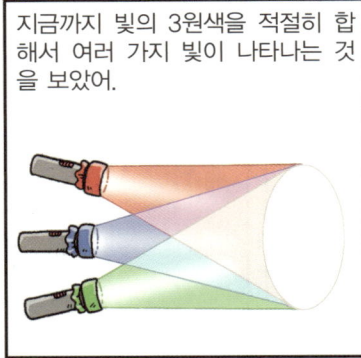

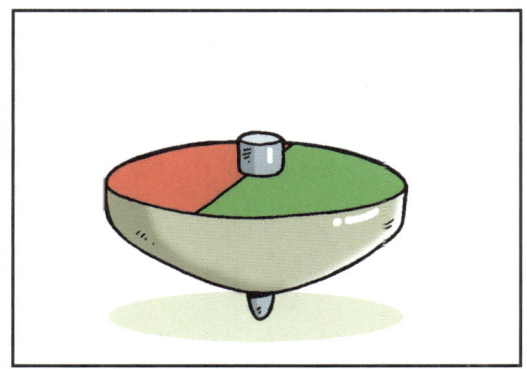

* 정확히 말하면 먼저 눈에 들어온 색이 바로 사라지지 않아서 색이 섞여 보이는 것이죠!

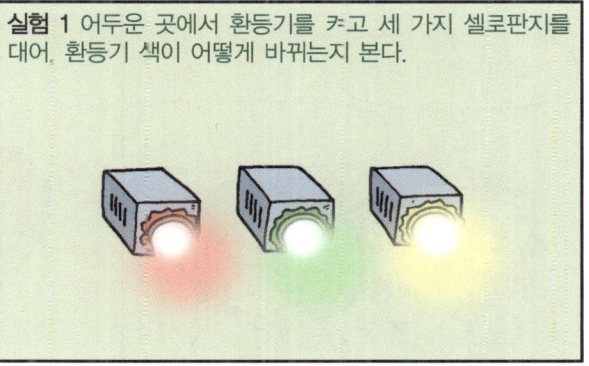

실험 1의 결과는 환등기에 가까이 대면 각각 셀로판지의 색으로 빛이 나와.
실험 2의 결과를 표로 정리해 보면 아래와 같지.

물 체	셀로판지 색	보이는 색
사 과	빨 강	빨 강
	초 록	검 정
	노 랑	빨 강
잎	빨 강	검 정
	초 록	초 록
	노 랑	초 록
바나나	빨 강	빨 강
	초 록	초 록
	노 랑	노 랑

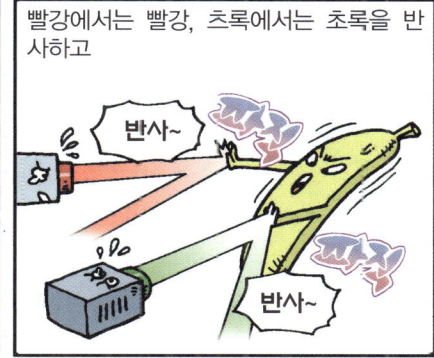

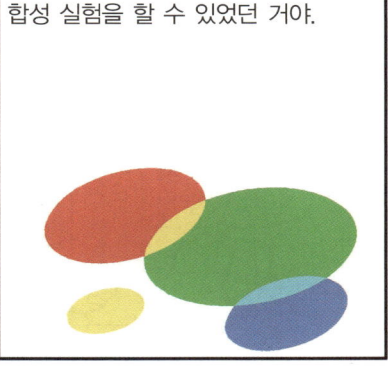

02 빛의 색

- 빛의 분산
- 빛의 합성
- 물체의 색

1) 빛의 분산

빛의 분산	빛이 색깔에 따라 굴절하는 정도가 달라서 여러 가지 색으로 나누어지는 현상	프리즘에서 만들어지는 스펙트럼 물방울에서 만들어지는 무지개
프리즘	두 번의 굴절을 통해 빨간색이 가장 작게 보라색이 가장 크게 굴절함. 굴절률 (빨 < 주 < 노 < 초 < 파 < 남 < 보)	
무지개	공기 중의 물방울이 프리즘 역할을 하여 빛이 분산되어 나타나는 현상. 하나의 물방울에서 하나의 색만 본다. 굴절률이 가장 작은 빨간색은 가장 위쪽 물방울에서, 굴절률이 가장 큰 보라색은 가장 아래쪽 물방울에서 본다.	

2) 빛의 합성

| 빛의 합성 | 분산되었던 빛을 다시 합성하면 원래의 백색광이 된다.

빛의 삼원색인 빨강, 초록, 파랑을 적절히 합성하면 모든 색을 만들 수 있다.

두 가지 색의 빛을 섞었을 때 백색광이 되면 둘은 보색 관계에 있다고 함.
(노랑과 파랑, 청록과 빨강, 초록과 자홍)

TV 모니터, 색팽이, 점묘화 등이 빛의 합성의 예이다. | |

3) 물체의 색

불투명한 물체의 색	빛이 물체에 닿으면 재질에 따라 어떤 색은 흡수하고 어떤 색은 반사한다. 이때 물체의 색은 반사된 빛이다.	빨간색만 반사 / 초록색만 반사 / 노란색(빨간색+초록색) 반사
투명한 물체의 색	빛이 투명한 물체를 통과할 때, 흡수되지 않고 통과된 색을 띠게 된다.	파란색 유리 / 파란색 빛만 통과
광원에 따른 물체의 색	빨간색, 초록색, 빨간색, 검은색 / 검은색, 초록색, 빨간색, 초록색	햇빛이 있을 때 노란색으로 보이는 옷은 노란 전구 아래에서 노란색으로 보이지만, 파란색 전구에서는 검은색으로 빨간색 전구에서는 빨간색, 초록색 전구에서는 초록색으로 보인다. 정육점 고기 진열대 안에 있는 고기를 밖으로 꺼내면 색깔이 달라진다.
빛의 합성과 그림자	〈그림자〉 ① 자홍색 ③ 노란색 ② 청록색	① 초록색이 손에 막혀 오지 못하므로 빨간색과 파란색이 합성되어 자홍색 그림자가 생성. ② 파란색이 손에 막혀 오지 못하므로 빨간색과 초록색이 합성되어 노란색 그림자가 생성. ③ 빨간색이 손에 막혀 오지 못하므로 파란색과 초록색이 합성되어 청록색 그림자가 생성.
검은색과 흰색 그리고 회색 물체	검은색은 모든 색의 빛을 흡수, 흰색은 모든 색의 빛을 반사. 회색은 일부는 흡수, 일부는 반사시키는 물체.	

이 단원에서 배울 내용

개정 교육과정

중 2 | 빛과 파동
고 2 (물리 Ⅰ) | 파동

7차 교육과정

초 3 | 소리내기
중 1 | 파동
고 1 | 힘과 에너지

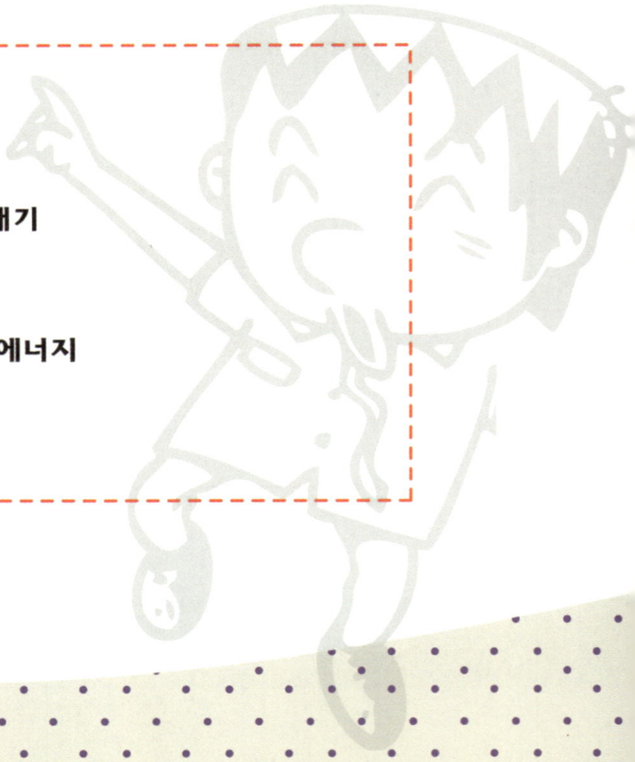

IV. 파동

1. 파동의 발생

(1) 파동의 정의와 특성
(2) 파동의 모습
(3) 횡파와 종파

2. 파동의 성질

(1) 파동의 반사
(2) 파동의 굴절
(3) 파동의 회절

3. 소리

(1) 소리의 성질
(2) 소리의 세기와 높이
(3) 소리의 맵시

Ⅳ. 파동

단원 들어가기

아.. 제야의 종소리.. 아름답다~

어디? 종이 어디 있는데?

종이 여기서 보이겠니? 얼마나 멀리 있는데?

소리가 들리면 보이는 거 아냐?

• 빛, 소리, 지진, 전파 등이 파동이랍니다.

Ⅳ. 파동 171

1. 파동의 발생

1) 파동의 정의와 특성

호수에 돌을 던지면 그곳을 중심으로 물결의 일렁임이 원을 그리며 퍼져 나가.

그런데 그때 호수에 떨어져 있던 나뭇잎은

위아래로 출렁이기만 하고 앞뒤로는 움직이지 않지.

이렇게 먼 곳에서 생긴 진동이 주위로 전해지는 현상을 '파동'이라고 해!

이때 진동이 처음 시작된 곳을 '**파원**'이라 하고

파동을 전달하는 물질을 '**매질**'이라고 하지.

(가)

(나)

2) 파동의 모습

진동 중심에서 가장 위쪽으로 진동한 위치(b, f)까지

또는 진동 중심에서 가장 아래쪽으로 진동한 위치(d, h)까지의 거리를 **진폭**이라고 해.

우리가 커다란 파도라고 하는 것은 보통 진폭이 크다는 것을 말하는 거야.

그리고 방금 이야기한 것 중에 진동 중심에서 가장 위쪽으로 진동한 위치(b, f)를 **마루**라고 하고

진동 중심에서 가장 아래쪽으로 진동한 위치(d, h)를 **골**이라고 하니 잘 기억해 둬.

자! 그럼 물이 어떻게 움직이는지 알아보자. 위 그림은 어떤 순간에 순간적으로 찍은 사진이라고 보면 되는데

다음 순간 가장 위쪽까지 올라 간 b, f의 물 입자는 내려오고

가장 아래쪽까지 내려간 d, h의 물 입자는 올라가는 것처럼 물 입자는 위 아래로 **진동**을 해.

그렇다면 위의 그림에서 b의 위치에 있던 물 입자가 골의 위치까지 내려갔다가 다시 제자리로 오면 원래와

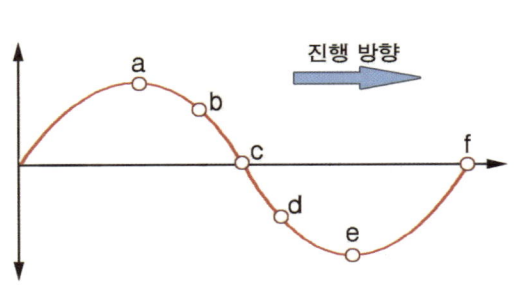

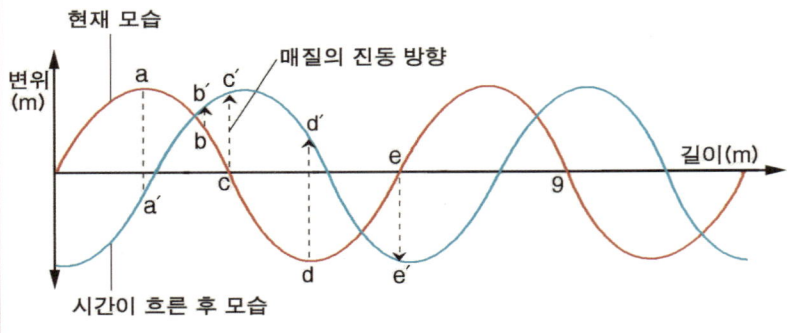

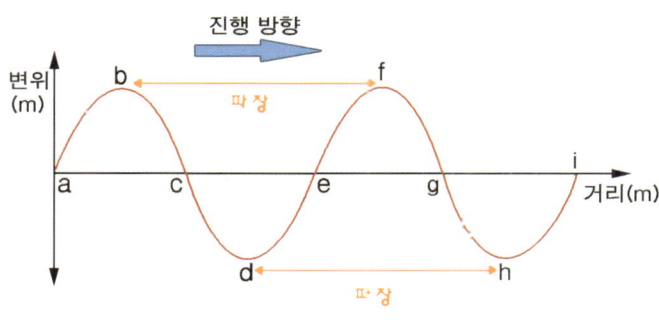

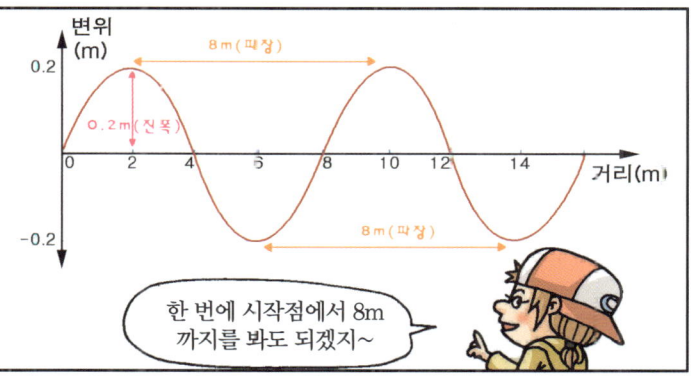

1. 파동의 발생 177

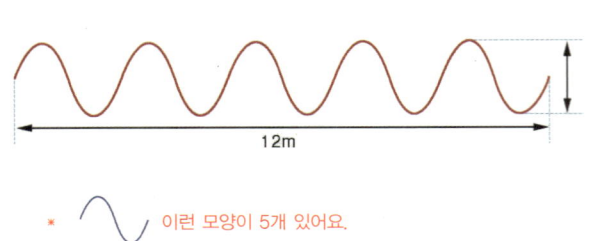

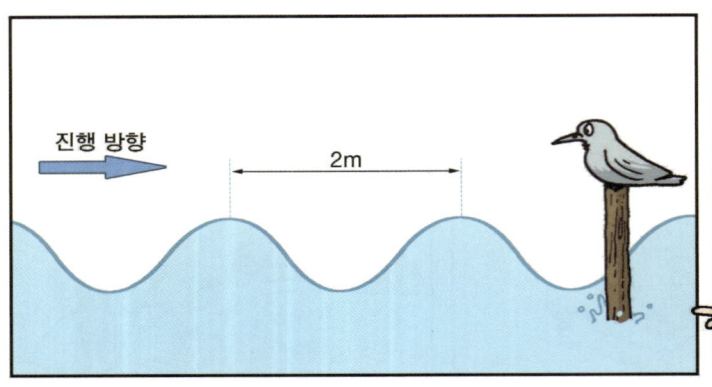

3) 횡파와 종파

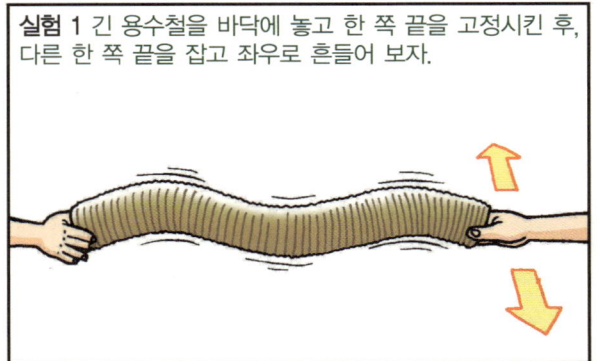

실험 3 긴 용수철을 바닥에 놓고 앞뒤로 흔들어 보자.

실험 4 용수철 중간에 작은 리본을 달고, 용수철을 앞뒤로 흔들어 보자.

위 실험에서 실험 1, 2는 **횡파**를 만드는 것이고, 실험 3, 4는 **종파**를 만드는 실험이야. 아래 그림을 보면

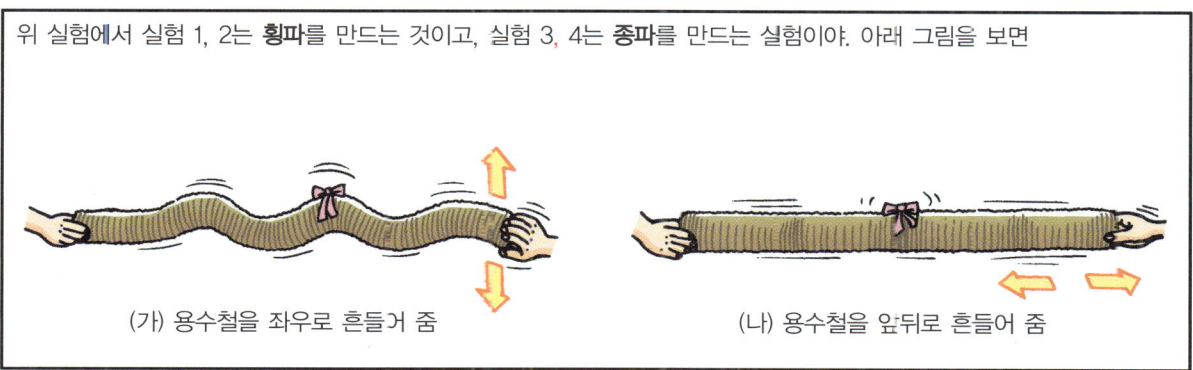

(가) 용수철을 좌우로 흔들거 줌 (나) 용수철을 앞뒤로 흔들어 줌

(가)의 경우 리본은 제자리에서 좌우로 진동하고

(나)는 리본이 제자리에서 앞뒤로 진동하지?

그림 (가)는 매질(용수철)의 진동 방향과 파동의 전달 방향이 수직이지.

이런 파동을 '횡파'라 하고,

(나)처럼 매질의 진동 방향과 파동의 전달 방향이 나란한 경우를

'종파'라고 해.

큭큭

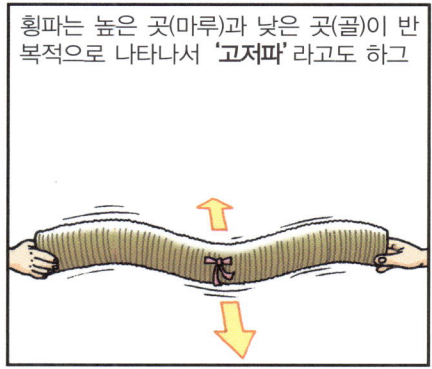

횡파는 높은 곳(마루)과 낮은 곳(골)이 반복적으로 나타나서 '**고저파**'라고도 하그

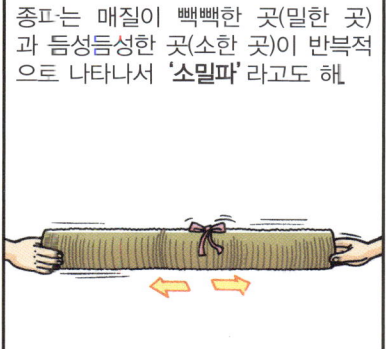

종파는 매질이 빽빽한 곳(밀한 곳)과 듬성듬성한 곳(소한 곳)이 반복적으로 나타나서 '**소밀파**'라고도 해.

횡파에서 파장을 구하는 방법은 앞에서 배웠지?

그림 종파에서는 파장을 어떻게 찾는지 알아보자.

살려줘.

이 그림은 횡파와 종파를 비교한 그림이야.

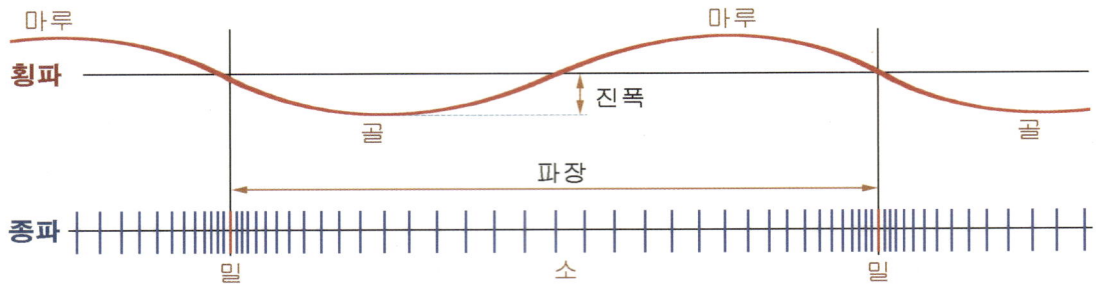

위 그림에서 보듯이 종파에서는 밀한 곳에서 밀한 곳까지의 거리를 한 파장이라고 해.

그러니까 횡파에서 말하는 마루와 마루 사이를 이용한 것처럼?

소한 곳에서 소한 곳까지도 파장이지.

그렇지!

이 실험에서 용수철을 빨리 흔들어 주면 횡파에서는 마루나 골의 수가 같은 시간 동안 많아져.

종파에서는 밀한 곳과 소한 곳의 수가 많아지지.

즉, 앞에서 배운 진동수가 많아지는 거야.

그만큼 팔도 아파~

다른 말로는 파장의 길이가 짧아진다고 해.

그거 얼마나 했다고 엄살은...

직접 해 보시던가~

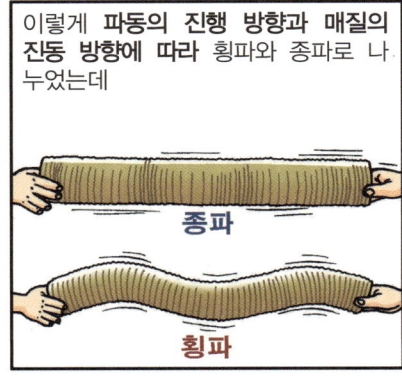

이렇게 **파동의 진행 방향과 매질의 진동 방향에 따라** 횡파와 종파로 나누었는데

종파는 딱 2가지만 기억하면 돼

지진파의 P파와 음파(소리)야.

뭐, 하나 더 넣는다면 용수철을 잡아 당겼다 놓는 용수철파도 있어.

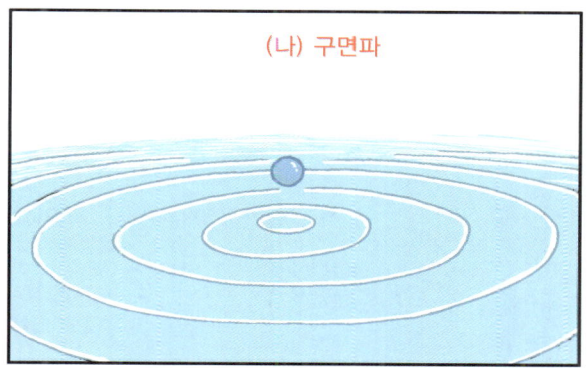

파동의 발생
- 파동의 정의와 특성
- 횡파와 종파
- 파동의 모습

1) 파동의 정의와 특성

파 동	한 곳에서 생긴 진동이 주위로 전해지는 현상.	① 파원 - 진동이 처음 시작된 곳 ② 매질 - 파동을 전달하는 물질 예) 파도 - 물, 지진 - 땅, 소리 - 공기
비탄성파와 탄성파	① 비탄성파 : 매질이 없어도 전달되는 파동 종류 - 빛과 전파(전자기파) 특성 - 매질이 없어도 전달되므로 진공에서 가장 빠르고 매질이 밀해질수록 느려진다.	② 탄성파 : 매질이 있어야만 전달되는 파동 종류 - 전자기파를 제외한 나머지 예) 물결파, 소리, 지진 등 특성 - 매질의 탄성을 이용하여 파가 전달되므로 매질이 밀할수록 빨라진다.

2) 횡파와 종파

횡파와 종파	① 횡파 - 파동의 진행 방향과 매질의 진행 방향이 수직인 파동(고저파) 예) 빛과 전파, 지진파의 S파, 물결파 등	② 종파 - 파동의 진행 방향과 매질의 진행 방향이 나란한 파동(소밀파) 예) 음파(소리)와 지진파의 P파

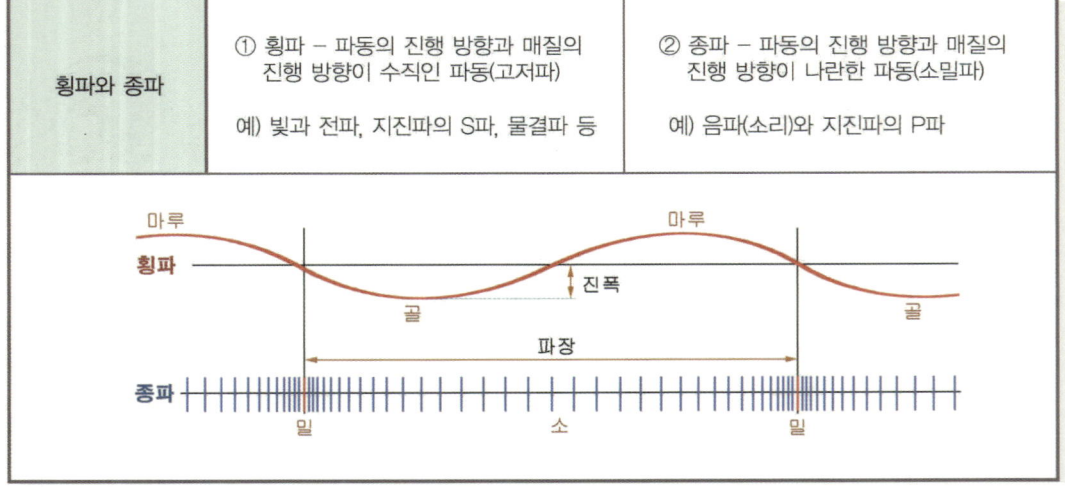

3) 파동의 표시

파동의 표현	
	① 마루 – 매질이 진동 중심에서 가장 위쪽으로 진동한 위치
	② 골 – 매질이 진동 중심에서 가장 아래쪽으로 진동한 위치
	③ 진폭 – 진동 중심에서 마루까지의 높이 또는 진동 중심에서 골까지의 높이
	④ 파장 – 매질이 한 번 진동하는 동안 파동이 전파된 거리 (마루~마루 또는 골~골까지의 길이)
	⑤ 주기 – 매질이 한 번 진동하는 동안 걸린 시간
	⑥ 진동수 – 1초 동안 진동한 횟수
파동의 전파	① 그림처럼 파동이 오른쪽으로 전파된다면 실선에서 점선의 모양으로 변한다.
	② 이때 각 지점의 위치를 보면 P, Q, S, T의 매질은 P', Q', S', T'의 위치로 움직여 아래로 내려갔다.
	③ 이때 R은 R'의 위치로 움직여 위로 올라갔다.
	④ 파동이 전파될 때 매질은 제자리에서 진동만 하고 에너지만 전달된다.

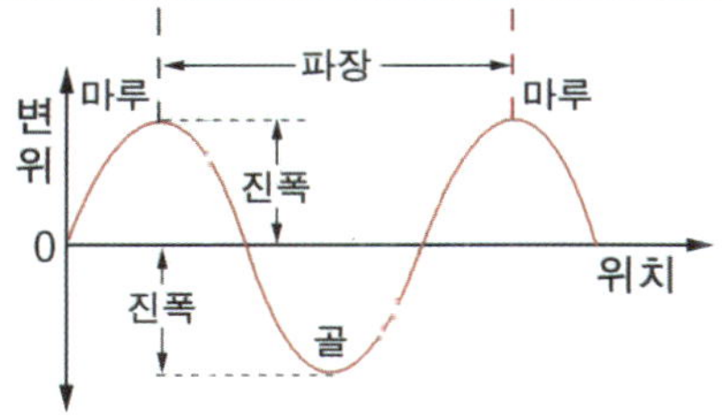

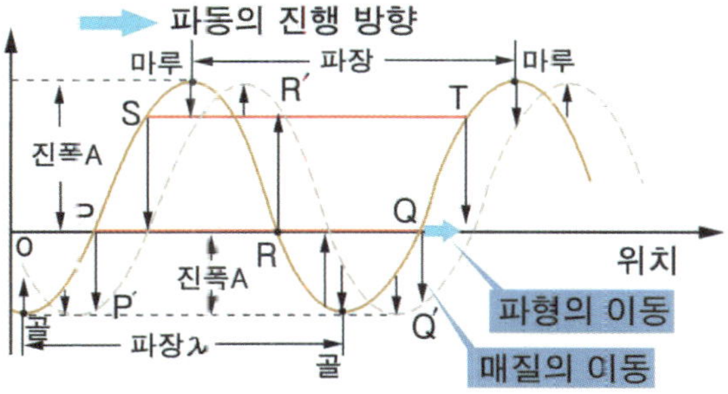

2. 파동의 성질

1) 파동의 반사

아침에 거울을 보며 흡족해 하는 백설 공주

결국 이쁜 죄로 독 사과까지 먹게 되지.

그런데 거울에 모습을 비춰볼 수 있는 이유와

눈이 거의 먼 박쥐가 어두운 곳에서 부딪치지 않고 날아다닐 수 있는 이유가 같아.

우리가 앞서 배운 파동은 장애물을 만나면 튕겨져 나오는 반사라는 성질이 있기 때문이지..

빛, 소리, 파도도 모두 이런 현상이 일어나는데

이 반사가 어떤 규칙성을 가지고 일어나는지 살펴보자.

〈준비물〉 물결파 투영 장치, 막대, 흰 종이, 막대 자, 전등

실험 1 그림처럼 물결 통에 물을 넣고 막대로 장애물을 만든다.

실험 2 물결 통 아래에 놓인 흰 종이 위에 물결파의 그림자가 잘 나타나도록 전등의 위치와 각도를 조절한다.

실험 3 막대 자를 물속에 넣었다 하면서 물결파를 일으켜서 장애물 막대에서 반사되도록 하고 그 모양을 관찰한다.

실험 4 장애물의 방향을 다르게 하면서 같은 실험을 하고 반사되는 물결파의 모양을 관찰한다.

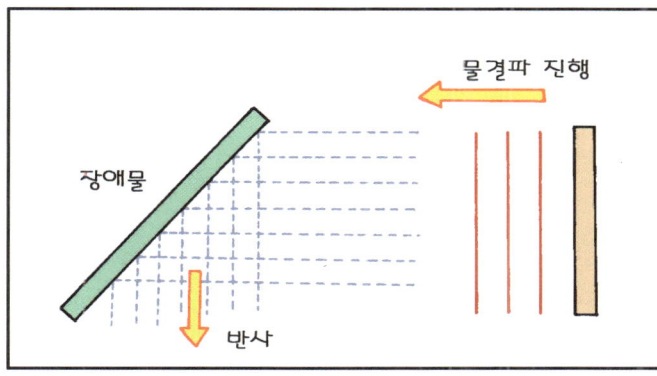

그림처럼 파동이 들어가서 장애물을 만나면, 일정한 방향으로 반사를 하는데

이 때 장애물의 방향이 바뀌어도 항상 일정한 것이 있어.

뭔데?

들어가는 입사각과 반사각이 항상 같다는 거야.

'반사의 법칙' 빛 단원에서 배웠지?

입사각이나 반사각은 모두 법선을 기준으로 측정하는 각도야.

다음 그림으로 확인해 보자.

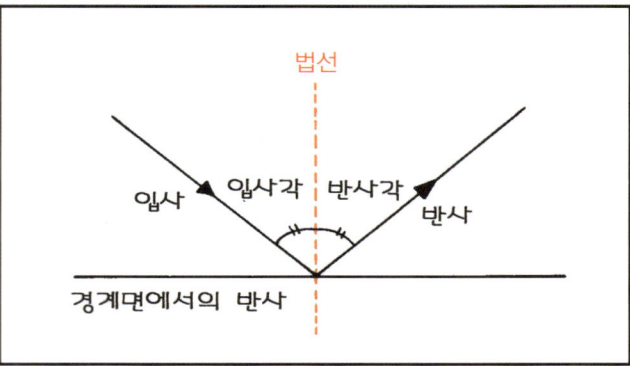

* 법선은 파동이 경계면에서 만난 점을 지나고, 경계면과 수직을 이루는 직선이지요.

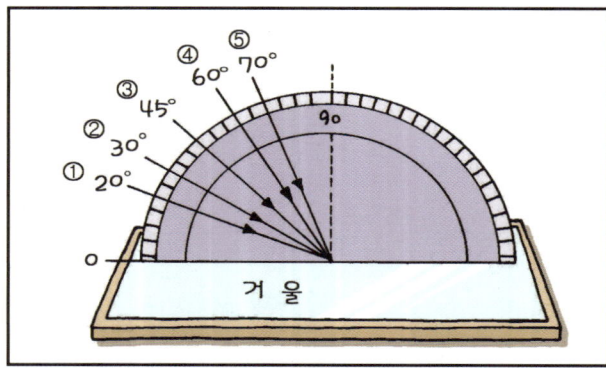

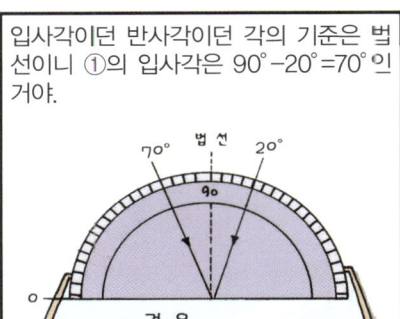

* 파동에서 말하는 모든 각도는 법선이 기준이라는 것을 기억하세요!

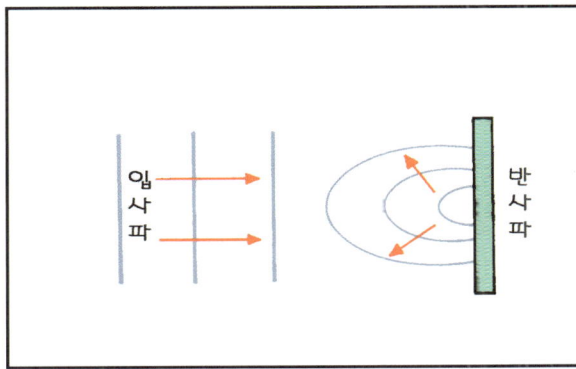

2) 파동의 굴절

실험 1 그림처럼 물결 통에 물을 넣고 한 쪽에 두꺼운 유리판을 깔아서 물의 깊이를 다르게 한다.(유리 판 쪽 물의 깊이가 낮게)

실험 2 물결 통 아래에 놓은 흰 종이 위에 물결파의 그림자가 잘 나타나도록 전등의 위치와 각도를 조절한다.

실험 3 막대 자를 물속에 넣었다 하면서 물결파를 일으켜서 깊은 곳에서 유리판이 있는 얕은 곳으로 퍼지게 한다.

실험 4 유리판이 있는 곳에서 어떻게 굴절하는지 모양을 관찰한다.

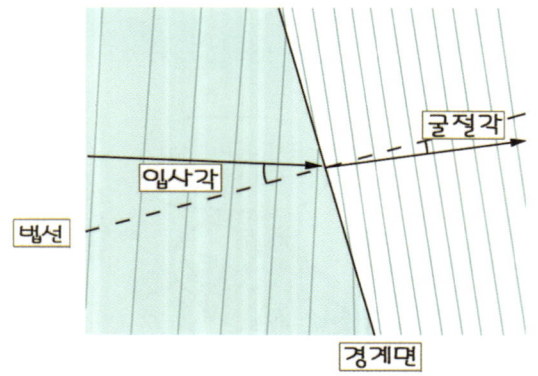

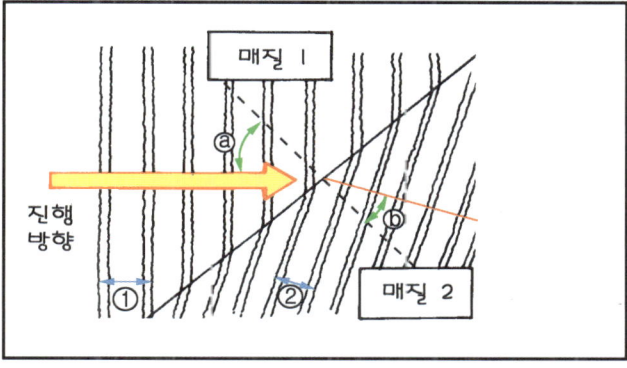

* '깊은 곳은 파장이 길고, 법선과 파동의 진행 경로가 이루는 각이 크다' 라고 기억하세요!

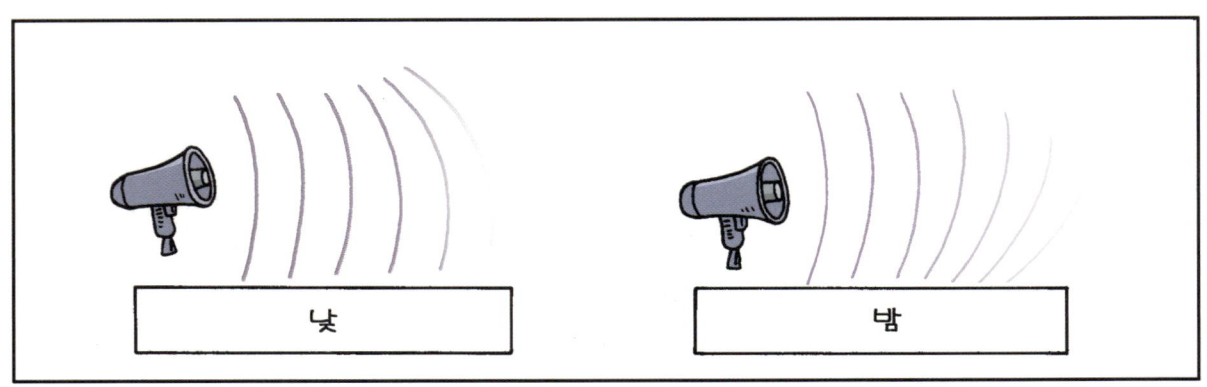

※ 비탄성파인 빛과 전파는 매질이 넓을 수록 빠르답니다. (진공에서 최고)

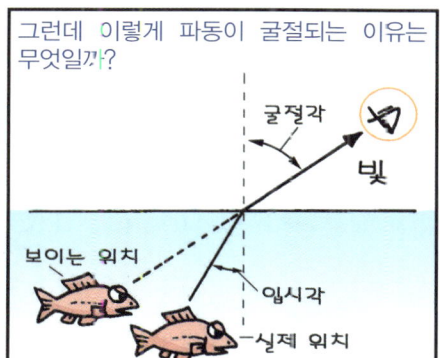

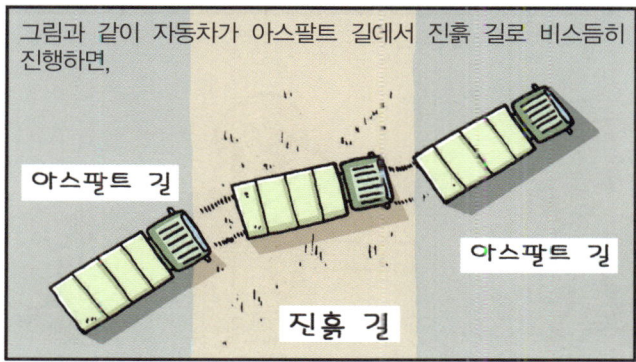

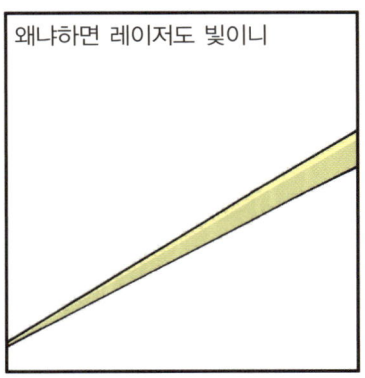

3) 파동의 회절

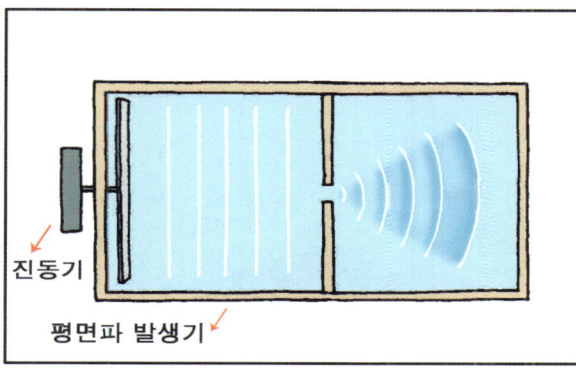

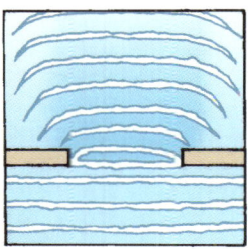

(가) 슬릿 간격이 다를 때

(ㄴ) 파장이 다를 때

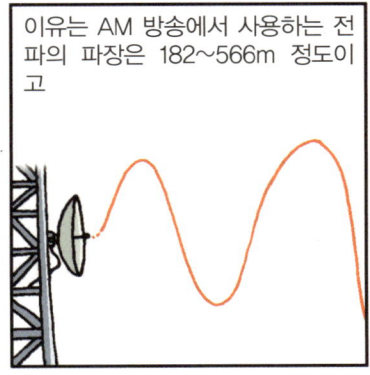
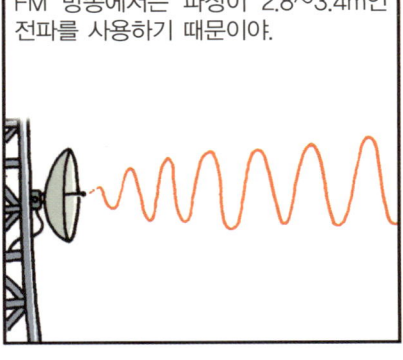

파동의 성질

- 파동의 반사
- 파동의 굴절과 회절

1) 파동의 반사

파 동	파동이 진행하다 장애물을 만나서 되돌아 나오는 현상. 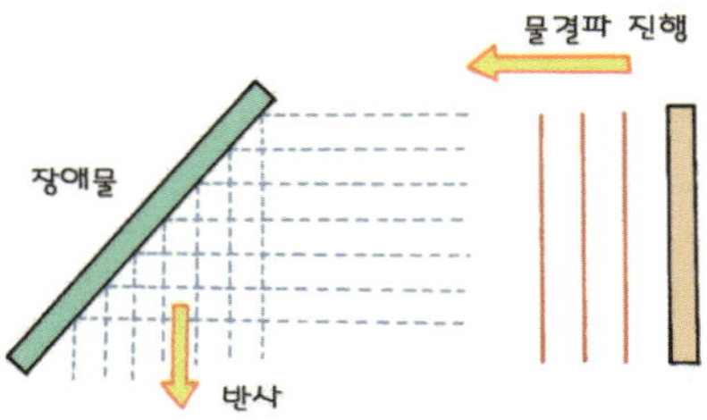	반사의 법칙 : 항상 입사각과 반사각은 같다. 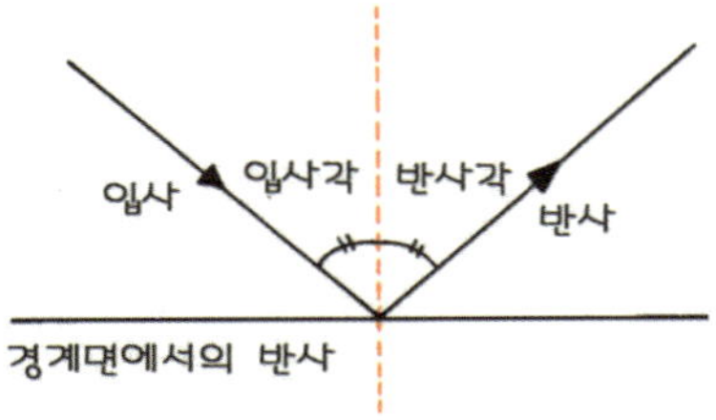
반사에 의한 현상	① 소리의 반사 · 메아리가 들린다. · 빈 방에서 말하면 소리가 울린다.	② 초음파의 반사 · 돌고래나 박쥐가 초음파를 이용해서 장애물을 피한다. · 산모 뱃속의 태아를 검사한다. · 어군 탐지기를 이용하여 물고기 떼를 찾아낸다.	③ 빛의 반사 · 물체의 모양이나 색을 구별할 수 있다. · 등대나 자동차 전조등의 빛을 더 멀리 보낸다. · 거울을 이용한다.

2) 파동의 굴절과 회절

파동의 굴절	파동이 진행하다가 매질이 달라지거나 매질의 온도 등이 변하여 파동의 속도가 변하여 진행 방향이 꺾이는 현상.	· 특성과 그에 의한 현상 : 파동의 전파 속도가 느려지면 통과하면서 각도가 작아지고 빨라지면 커진다. · 느리면 경계면 쪽으로, 빨라지면 경계면에서 멀게 굴절한다.
물의 깊이에 따른 굴절	(그림: 경계면, 입사각, 굴절각, 깊은 곳, 얕은 곳)	· 물결파는 깊은 곳에서 빠르고 얕은 곳에서 느려지므로 깊은 곳에서 얕은 곳으로 진행하면서 각이 작아져 입사각이 굴절각보다 크다. · 이때 빠른 곳에서의 파장이 느린 곳에서의 파장보다 길다. · 파도가 해변에 가까이 올 때 해변 쪽으로 꺾이는 현상이다.
빛의 굴절	· 빛이나 전파는 매질이 없어도 전달되는 파동이기 때문에 매질이 소할수록 빠르다.	· 물에서 공기로 빛이 입사하면 빨라져서 각이 커지므로 입사각보다 굴절각이 커지므로 물속의 물체가 커 보이며 떠 보인다.
소리의 굴절	· 소리는 매질이 있어야만 하는 파동이므로 매질이 밀할수록 빨라진다. · 소리는 온도가 높은 곳일수록 빠르다. · 낮에는 지면 쪽이 온도가 높고 밤에는 지면에서 먼 쪽이 온도가 높다. · 소리는 낮에는 위로 굴절하고 밤에는 아래로 굴절한다.	(그림: 낮, 밤)
파동의 회절	파동이 진행하다가 장애물을 만났을 때 그 일부가 장애물의 뒤쪽으로 전달되는 현상. ① 전파되는 파의 파장이 길수록 회절이 잘 일어난다. ② 장애물 틈의 간격이 좁을수록 회절이 잘 일어난다.	① 파도가 방파제 뒤쪽으로도 퍼진다. ② 문틈으로 빛이 새어 나온다. ③ 벽 너머의 소리는 들리지만 그 모습이 보이지는 않는다. (파장의 길이 : 소리 > 빛) ④ 라디오에서 AM 방송이 FM 방송보다 장애물이 많아도 더 잘 들린다. (파장의 길이 : AM > FM)

3. 소리

1) 소리의 성질

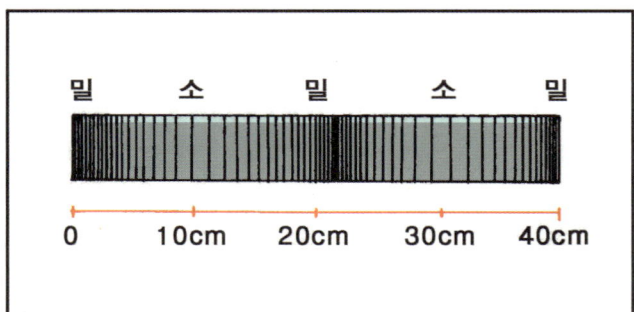

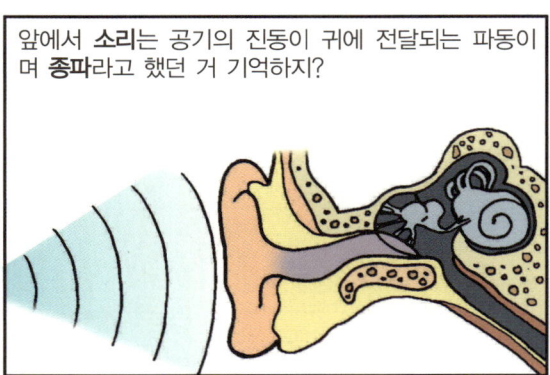

앞에서 **소리**는 공기의 진동이 귀에 전달되는 파동이며 **종파**라고 했던 거 기억하지?

└─ 종파 : 지진파의 P파와 소리

즉, 그림의 북과 같이 물체의 진동이 주변의 공기를 **압축·팽창**시키면서 밀한 곳과 소한 곳을 만들어 전달되는 거야.

이 공기의 진동이 귀의 고막을 진동 시키면

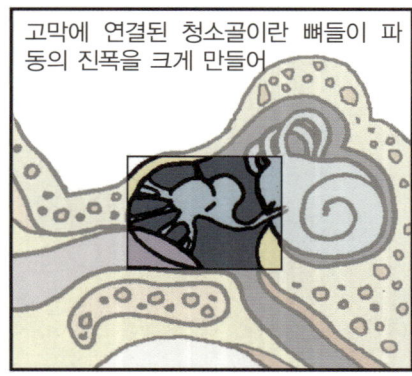

고막에 연결된 청소골이란 뼈들이 파동의 진폭을 크게 만들어

달팽이관이라는 곳에서 신경을 통해서 뇌로 보내

우리가 소리를 들을 수 있는거지.

피아노, 바이올린, 기타 등은 현의 진동에 의해 소리를 발생시키고

* 빛과 전파를 제외한 파동은 탄성파로 매질이 촘촘한 상태일수록 빠르다고 기억하세요! (고체 > 액체 > 기체)

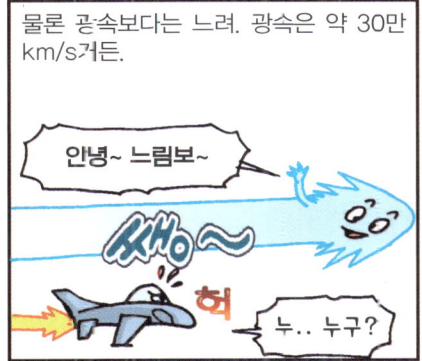

> 보기
>
> (가) 물   (나) 알루미늄 막대   (다) 여름철 공기   (라) 겨울철 공기

* 음속의 빠르기 : 밀도 순서 (고체 > 액체 > 기체), 습한 공기 > 건조한 공기, 더운 공기 > 찬공기

* 소리의 강약은 진폭, 높이는 진동수로 결정되지요!

2) 소리의 세기와 높이

따라서 속도가 빠른 순서로 나열하면
알루미늄 막대, 물, 여름철 공기, 겨울철 공기의 순서가 돼.

그럼 이런 음파가 어떤 요소로 되어 있는지 보고 그 요소에 따라 어떤 특성을 갖게 되는지 알아보자!
세기와 높이? 같은 말 아닌가?

〈준비물〉 쇠 자, 책상, 바이스

실험 1 그림처럼 자를 바이스로 책상에 고정시킨다.
실험 2 자를 세게, 약하게 튕기면서 소리를 들어 본다.

실험 3 자를 책상에 길게 고정시키고 튕겨보고, 책상에 짧게 고정시키고 튕겨보자. (치는 세기는 같게 하고 튕긴다.)

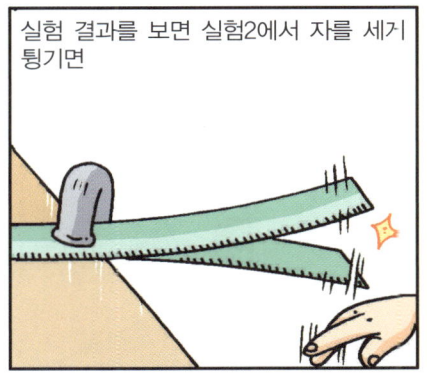

실험 결과를 보면 실험2에서 자를 세게 튕기면

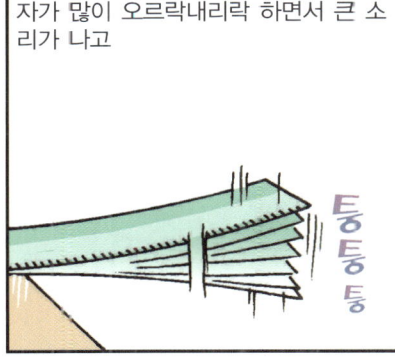

자가 많이 오르락내리락 하면서 큰 소리가 나고

약하게 튕기면 조금씩 오르락 내리락 하면서 작은 소리가 나.

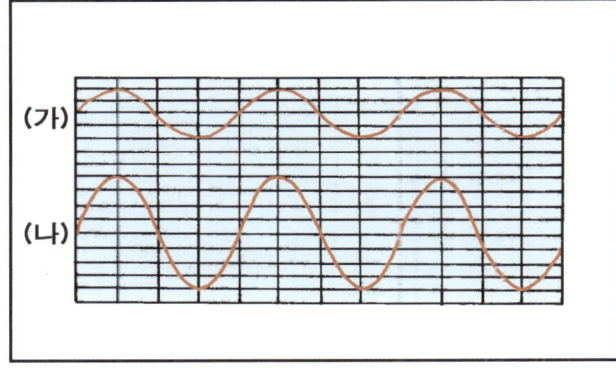

즉, 그림의 (나)처럼 진폭이 크면 큰 소리, (가)처럼 진폭이 작으면 작은 소리가 나지.

세게 치면 큰 소리, 약하게 치면 작은 소리가 난다는 거잖아~ 쉽게 얘기해~
저~자식이!!

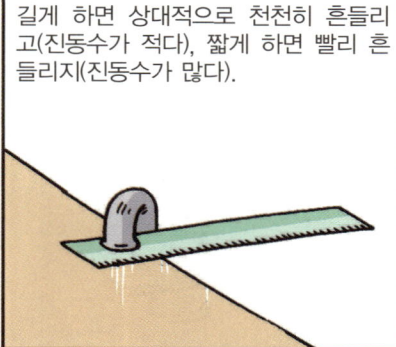

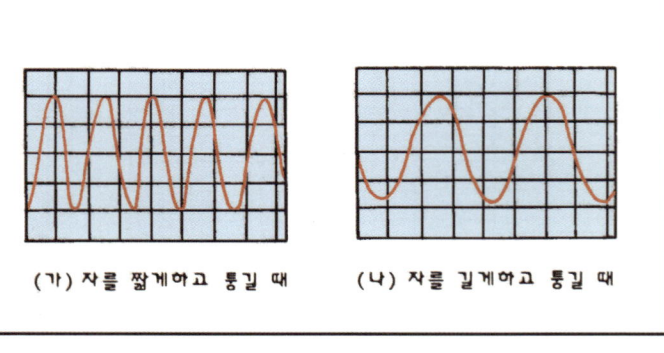

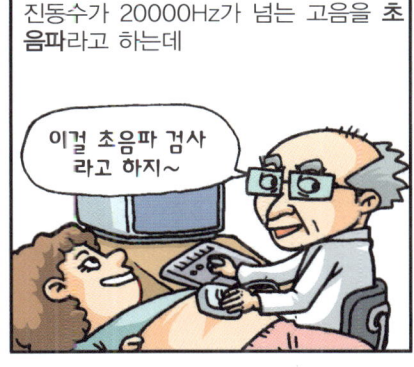

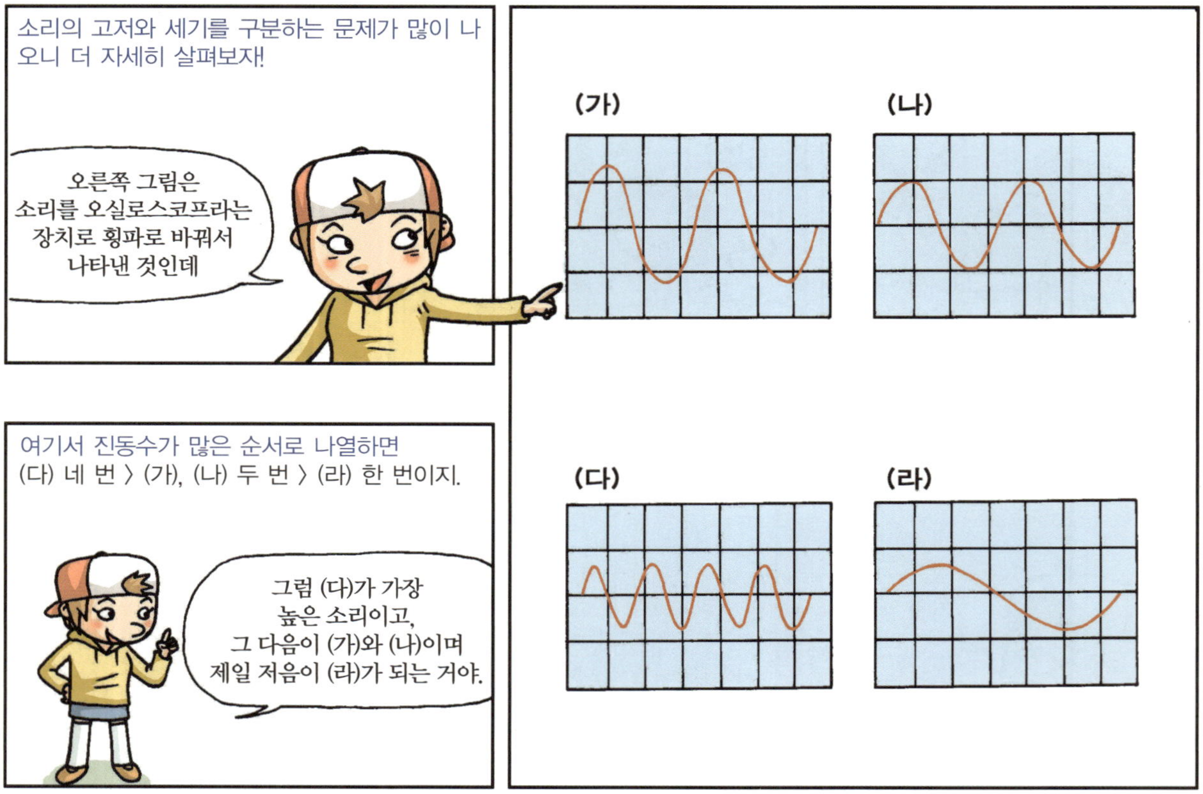

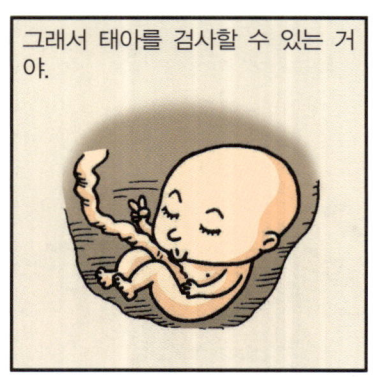

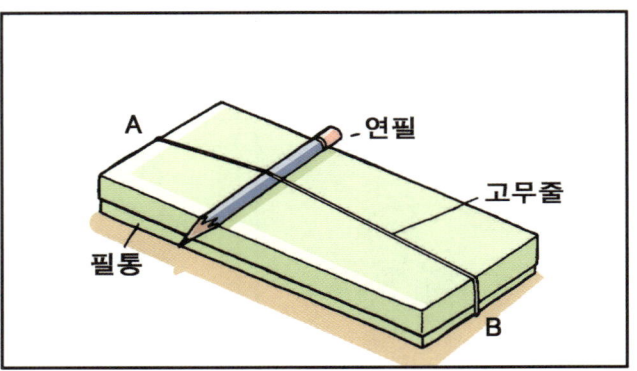

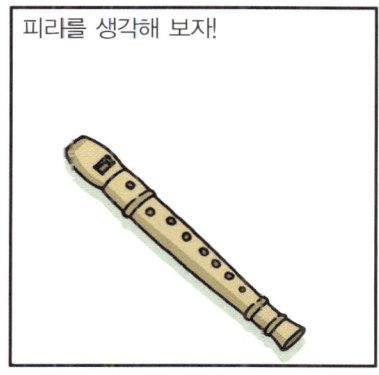

*소리의 맵시(음색)는 파동의 형태가 달라서 생기죠!

3) 소리의 맵시

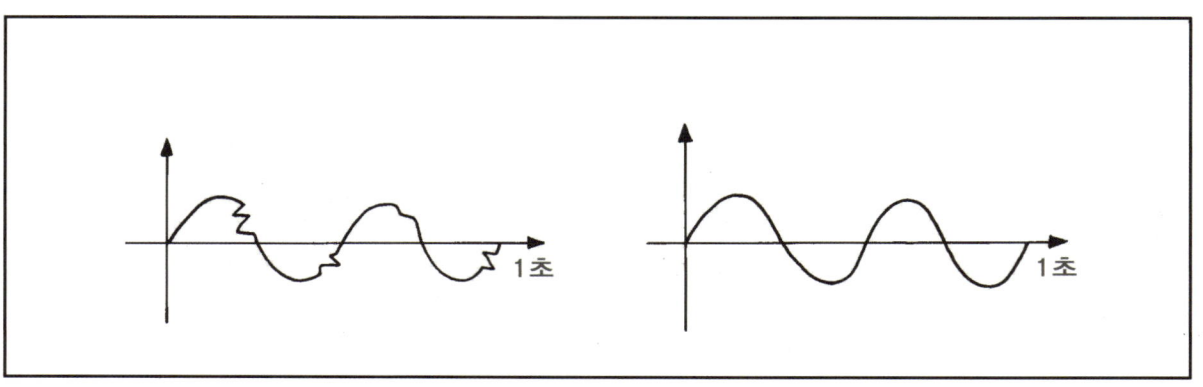

03 소리

- 소리의 성질과 특성
- 소리의 3요소(세기, 높이, 맵시)

1) 소리의 성질과 특성

소리	공기를 압축·팽창시키면서 밀한 곳과 소한 곳을 만들어 귀의 고막을 진동시켜 전달되는 종파.	밀 소 밀 소 밀 0 10cm 20cm 30cm 40cm
소리의 특성	공기 속을 진행하는 소리의 속력은 온도가 높을수록 빨라진다. 소리는 탄성파이므로 매질이 있어야만 하고, 매질이 밀할수록 빠르다.	낮에는 소리가 위로, 밤에는 아래로 굴절한다. 진공에서는 소리가 전달되지 않는다. 소리는 고체 〉 액체 〉 기체 순으로 빠르다.

2) 소리의 3요소(세기, 높이, 맵시)

소리의 세기	(소리를 횡파로 변환한 그림) 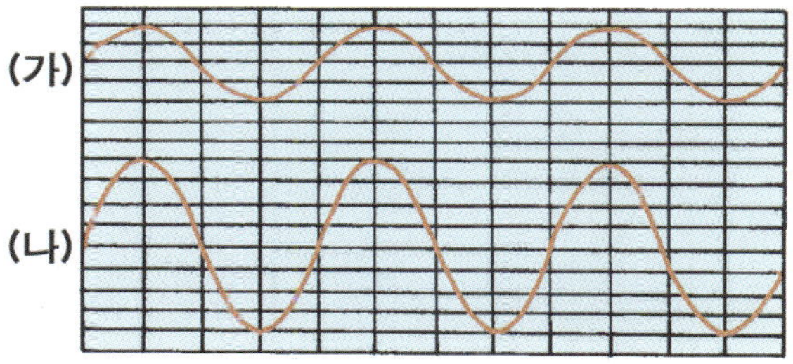 (가) (나) 그림 (가)의 진폭이 (나)의 진폭보다 작다. 따라서 (나)가 (가)보다 센(강한) 소리이다.
소리의 높이	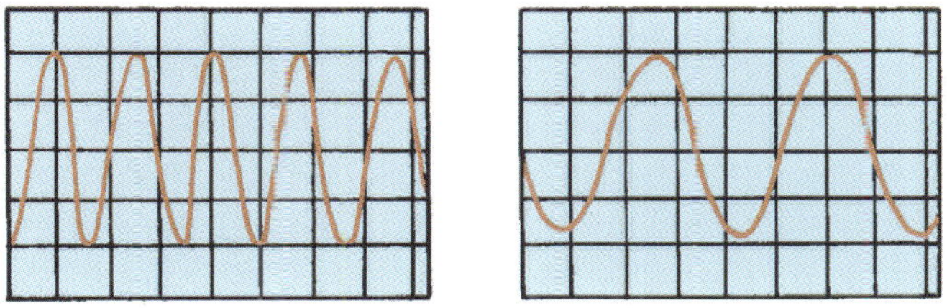 (가) (나) 그림 (가)의 진동수가 (나)의 진동수보다 많다. 따라서 (가)가 (나)보다 높은(고음의) 소리이다.
소리의 맵시	파의 형태가 달라서 같은 높이와 세기의 소리도 그 특색(음색)이 다르다. 악기의 종류에 따라 그 음색이 다르다. 어떤 친구의 목소리인지 알 수 있다. 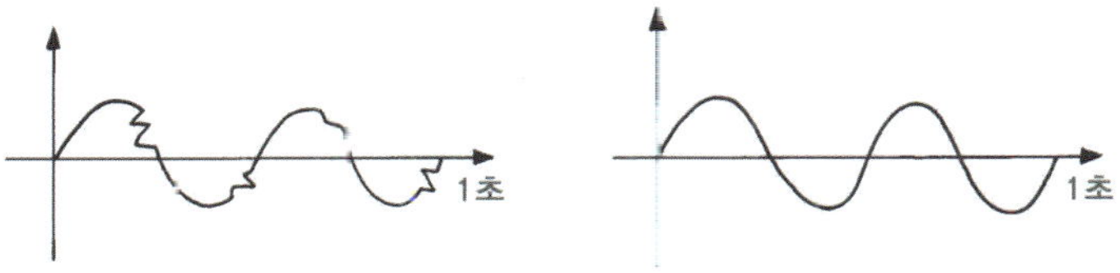